日本料理

# 祝儀不祝儀

ハンドブック

# はじめに

最近、よくこんな質問を受けることがあります。「今度、結納の予約が入ったのですが、いちばん上の会席コースに、鯛の尾頭付きをつけてお出しすればいいでしょうか」。

結納・婚礼といえば、その人にとって一生に一度の大切な晴れ舞台です。普段の会食とはわけが違います。一品一品、どうやっておめでたさを表わすかを考え、精一杯お祝の気持ちを込めるのが、特別な場の料理を任された人間として当然の心遣いです。通常の会席献立に何か一品プラスすればいい、ということではないと思います。

実際、冠婚葬祭の席でも、特別な献立を用意していない例も見かけますし、また、お祝では避けるべきことを平気でやっていたり、献立にまったく祝意が盛り込まれていなかったり、また不祝儀では絶対にやってはいけないことを誤ってしていたり、ということが多々あります。昔からの料理に込められた意味も、器使いの定式も、水引の結び方や和紙の扱い方もよくわからないというのが現状でしょう。

そういえば献立や創作料理のアイデアを集めた本はたくさんあるけれど、祝儀・不祝儀の料理や仕来りをまとめた本はないですね――そこからこの本の企画が始まりました。

手軽に手にとれて現場で役立つように、本書では、祝儀・不祝儀の料理に絞って、伝統的な仕事や約束事を、できるだけ簡潔に解説することを心がけました。そして、水引や熨斗、和紙の扱い方など、一見料理とは関係ないと思われる事柄も取り上げています。というのも、そうした仕来りの根本はすべてつながっていて、たとえば、お椀のあしらいとして使われる大根と人参の紅白淡路結びは、水引の結び方が基本となっていますし、祝儀袋の扱いが箸包みの扱いにも通じているからです。

なぜそうするのか、その根っこが理解できていなければ本当の力にはなりません。困った時に開いてみて、なるほどと納得できる。そういう1冊として本書を役立てていただければ幸いです。

長島　博

日本料理

# 祝儀 不祝儀 ハンドブック

目次

Ⅱ章　祝儀・不祝儀の

# 演出と仕来り

・祝いの装い

## むきものいろいろ



・祝儀に用いる

## 道具と器

## 水引と和紙使い
・仕来りをふまえた

Ⅲ章 祝儀・不祝儀の

## 知識ともてなし



Ⅳ章 祝儀・不祝儀の

## 言葉と素材




撮影 海老原俊之
デザイン・イラスト 田島浩行
編集 網本祐子

# 祝儀とは、不祝儀とは

## ●日本料理と陰陽

　日本料理の切り方や調理法など、いろいろな事柄を説明するのによく用いられる理論に「陰陽論」がある。これは、ごく簡単にいってしまえば、「物事には必ず陽の面と陰の面があり、それらが表裏一体となって成り立っている」ということである。もともとは古代中国で生まれた哲理で、後に陰陽五行説として伝わり、日本でも独自の研究が加えられて、あらゆるものを陰・陽に当てはめ、分類、整理する試みがなされた。日本料理の成立にもこの陰陽論が大きな影響を与えており、各流派の規範となって、さまざまな形で現代にまで受け継がれている。

　日本料理において理想とされるのは、陰陽論の説くところの「陰陽和合」である。陰陽は吉凶とは別次元のもので、陽だから良い、陰だから悪いというものではない。伝播の過程で、一部、陽を吉に対応させる風潮も生まれたが（陽数＝奇数を尊ぶ習慣に見られるように）、本来、陰陽は対等であり、お互いが引き立て合う関係にある。陰陽和合とは、この両者がバランスよく存在している状態を指し、それこそが美しい、というのが日本料理の基本となる価値観だとされている。

　日本料理に関わる陰陽分類の一例を次頁の表にまとめてみた。献立や膳組、盛りつけなどを考える際の、一つの拠り所として認識しておくとよい。

## ●祝儀＝吉、不祝儀＝凶ではない

　祝儀・不祝儀は、陰陽論でいえば、祝儀が陽に、不祝儀が陰に当てはめられる。本書で述べる約束事や仕来りの多くは、陰陽論の考え方に基づいたものだ。そして、先にも述べたように、けっして祝儀＝吉、不祝儀＝凶というわけではない。祝儀が嬉しい、喜ばしい、おめでたいという気持ちを表現する場であるなら、不祝儀は悲しい、寂しい、なげかわしいといった、祝儀とは相反する気持ちを表現する場であるだけだ。すなわち、祝儀＝慶事＝陽≠吉、不祝儀＝弔事＝陰≠凶、というのが本書の基本スタンスである。

具体的には、本書では祝儀は結納や婚礼の祝、長寿祝、誕生祝、栄転や昇進の祝、正月や節句の祝、受賞の祝等々、あらゆる祝い事を対象としている。一方、不祝儀は主として一般的な法事（仏事）を対象とするにとどめている。それは、不祝儀は宗教、宗派による差が大きく、たとえば神教では弔い事も祭りとなるなど、死生観の違いに始まり、あらゆることの捉え方が根本から異なってしまうからだ。また、通夜や葬儀という場では、あまりにも悲しみが大きく、日本料理の立場から入り込む余地は少ないと考えるからである。

**日本料理における陰陽分類の一例**

| | 陽 | 陰 |
|---|---|---|
| 包丁 | 右側（腹）＝<br>しのぎ、刃のある面 | 左側（背）＝<br>平らな面 |
| | 平作り、角作り | へぎ作り、そぎ作り |
| | 筒むき、けん | 桂むき |
| 形 | 丸（八角以上） | 三角、四角（五角以下） |
| 状態 | 表（おもて） | 裏 |
| | 凸（前に出ているもの） | 凹（後ろにへこんでいるもの） |
| | 浅い | 深い |
| | 温かい | 冷たい |
| | 向こう側 | 手前側 |
| | 右巻き、右 | 左巻き、左 |
| | 躍動 | 静寂 |
| 数 | 奇数 | 偶数 |
| 魚 | 海の魚 | 川の魚（ただし鯉は陽） |
| | 丸ごと | 切り身 |
| 野菜 | 体を温める野菜 | 体を冷やす野菜 |
| その他 | ハレ（晴れ） | ケ（褻） |
| | 天 | 地 |
| | 男 | 女 |
| | 祝儀 | 不祝儀 |

**※陰陽五行説**

中国に起源する哲理。いっさいの万物は陰・陽二種の気によって生じるという陰陽論と、いっさいの万物は木、火、土、金、水という、絶え間なく天地の間を循環する五元素によって構成されるという五行説が組み合わされたもの。易学、兵法、政治、医術、農業、天文、暦、季節、年中行事等々、あらゆる現象の説明に用いられた。日本料理においても、ざまざまな事柄が陰陽、および五行に当てはめられた。

なお、陰陽論では、「ハレ（晴れ）」を陽、「ケ（褻）」を陰に当てはめている。晴れとは、祭りや祝い事などの特別な機会、ケとは日常の状態を指す。その考え方からすれば、祝儀はもちろん晴れの場、すなわち陽であるが、不祝儀は、晴れの場というには抵抗があるものの、けっしてケではなく、非日常の機会であることに違いはない。その観点からすれば、不祝儀も陽である、ということもできる。このように、陰陽論の配当には、どの切り口で観るのかによって、いくつかの矛盾が生じたり、また、その配当をさらに展開させていくことで矛盾が解消したり、複数の解釈が存在したりと、一概にこうと言いきれない部分もある。あくまでも、柔軟性をもった活用が必要であることをつけ加えておく。

## ●祝儀・不祝儀の大原則

祝儀では、料理にもサービスにも積極的に演出をこらし、縁起のよいことを集めて、最大限にお祝の雰囲気を盛り上げることが求められる。一方、不祝儀では、何かを積極的に行なうというより、むしろ派手なことは何もせずに、一歩下がって控えめにしていることが、哀悼の意を表わすことになる。つまり、大原則としていえることは、

①祝儀では祝儀らしいことを精一杯に行なう。
②祝儀では不祝儀らしいことを絶対に行なわない。
③不祝儀では祝儀らしいことを絶対に行なわない。

ということである。たとえば、祝儀では「重なる」ことは非常に喜ばしいことで、意識してこれを盛り込むことがよしとされるが、不祝儀では「重なる」ことは絶対に避けなければならない。一方で、「割れる」「分かれる」「切れる」「崩れる」「欠ける」などは、祝儀では絶対に避けなければならないこととされる。そして不祝儀でも、とくに差し障りはないものの、特別にこれを意識して盛り込むのがよしとされるわけではない。

祝儀・不祝儀をまちがいなく執り行なうためには、たとえそのどちらかにしか接する機会がないとしても、双方の約束事や仕来りについてしっかりと認識しておく必要がある。

加えて、忘れてはならないのは、祝儀・不祝儀に関することは、地方による違いが非常に大きいということである。その土地で代々伝承されてきた特色ある文化が、もっとも色濃く残っているのが冠婚葬祭の分野である。そのことを常に念頭においておきたい。

# 第Ⅰ章

# 祝儀・不祝儀の
# 献立と料理

# 本膳形式の婚礼料理

嶋台盛

三之膳

# 本膳形式の婚礼料理
## （三汁香の物共九菜）

婚礼料理は、いわゆる「ハレ（晴れ）」の料理の最たるもの。この日のために最高におめでたい献立を考え、食材を集め、あらゆる調理法を駆使して作り上げた、まさに究極のお祝料理である。写真は三の膳まである、三汁《さんじゅう》香の物共《こうのものとも》九菜《きゅうさい》の婚礼用本膳料理。三つの汁と、香の物を含む九品の菜＝おかずで構成されるものである。何より伝統的な形式を重んじる本膳料理は、今ではほとんど見ることはなくなったが、そこには日本料理におけるさまざまな約束事や仕来りが凝縮されている。

**御本膳**

| | |
|---|---|
| 御飯 | 白飯 |
| 御本汁 | 鏡蕪菁<br>海老つみれ<br>相生結び大根、人参<br>口　水芥子 |
| 御膾 | 喜寿の黄金和え<br>水引さより<br>熨斗長芋昆布締め<br>岩茸　山葵 |
| 御坪 | 曙海老<br>竹の子　絹さや |
| 御香の物 | むすび沢庵<br>奈良漬<br>巻菜漬 |

**御二之膳**

| | |
|---|---|
| 御二之汁 | 夫婦蛤<br>大根、人参淡路結び<br>神馬藻　三つ葉<br>口　柚子 |

**◎配膳**

塗りの高足膳を用い、本膳を客正面に、客から見てその右側に二之膳、本膳の左側に三之膳をおき、焼物膳は二之膳の前に、嶋台盛はその左におく。膳組（膳の数や菜の数）によっては配置が変わることもある。箸は祝箸。

**●本膳**

本膳には必ず、飯、汁、香の物が入り、これに、膾、坪などが付くのが基本。膳の数、菜の数によって、さらに平皿、猪口などが付くこともある。

**◎飯**

祝儀の飯は、赤飯（小豆またはささげ）か白飯が基本。蓋が付く。本膳料理は基本的に飯を食べることを目的としており、飯にはおかわりがある。

**◎本汁**

本膳の汁は味噌仕立が基本。蓋が付く。

**◎膾**　なます

魚介類や野菜などのなます、酢の物など。

**◎坪**　つぼ

軽い煮物、含め物などを盛る。かぶせ蓋が付く。

**●二之膳**

吸物膳ともいい、必ず吸物が入る。その他、平皿、猪口など、膳の数、菜の数に応じて。

**◎二之汁**

吸物（すまし仕立）が基本。貝の汁や潮汁などでもよい。蓋が付く。

◎平皿
平椀、平ともいい、うま煮系の煮物を盛るのが基本。かぶせ蓋が付く。

◎猪口《ちょく》
和え物などを盛る。

●三之膳
必ず汁が付く。その他、膳の数、菜の数に応じて。汁が付かない場合は略式の膳として、脇膳、引落膳《ひきおとしぜん》などといわれる。

◎三之汁
本汁とは異なる味噌仕立とするのが基本。蓋が付く。祝粉はここでは粉山椒。

◎差身
進肴的なものを盛る。ここでは雀鯛の刺身。「刺」の字を避けて差身とする。

◎小附
進肴となるような酢の物、和え物などを盛る。

御平皿　穴子錦巻き
　扇長芋　亀甲しいたけ甘煮
　富貴の青煮
御猪口　糸鮑　独活　くらげ
　唐墨和え

**御三之膳**
御三之汁　鯉こく仕立
　牛蒡　祝粉
御差身　雀鯛の松皮作り
　防風
　山葵　土佐醤油
御小附　赤貝絹巻き
　寿海苔　君美寿

**御焼物膳**
鯛化粧焼き
　尾紙飾
　紅白糸掛け

**御嶋台盛**
鶴長芋　亀人参
紅宇治橋かまぼこ　栗きんとん
金天　夫婦海老熨斗包み
鉄扇鳥　伊達巻
くじゃく卵　さより蕨手
淡路結牛蒡
御多福久豆　金箔

●焼物膳
尾頭付きの鯛の塩焼きなどを盛った鉢をのせる。与の膳（四を避けて与）、向詰《むこうづめ》ともいう。口取肴などと一緒に持ち帰るのが通例。

●嶋台盛
本膳料理では一般に五の膳を指し、口取肴や菓子などを盛る。折詰などに詰めて持ち帰るのが通例で、引物膳ともいう。

※**本膳料理**
室町時代の儀式料理の流れをくむ料理で、本膳（飯、汁、香の物付きの膳）の付いた料理のこと。通常は複数の膳（三の膳くらいまで）で構成され、冠婚葬祭などにおける正式な饗膳形式とされた。飯、香の物は数えずに、一汁三菜、二汁五菜、三汁七菜などと料理の数を表わすが、正式に膳の数とされるのは汁の付く膳だけなので、二汁五菜といえば二の膳まであることがわかる。香の物を数に入れる時には、二汁香の物共五菜という。

# 現代風の婚礼会席

留椀代り
御飯
揚物
酢の物
煮物
口代り

# 現代風の婚礼会席（九品コース）

喰い切り形式、九品構成の婚礼用会席料理。配膳の作法や献立構成の定式に縛られずに、おいしいものを、おいしい状態で、自由な雰囲気の中で食べてもらえるというのが喰い切り料理の特長。とはいえ、生涯一度の婚礼の宴席である以上、ただおいしい料理を並べるだけではなく、そこには普段とは違うお祝の気持ち、特別な思いを盛り込みたい。よりおいしく食べてもらうための工夫と、古き良き伝統を守り、敬意と祝意を最大限に表わす工夫、その両方が欠かせない。

**◎品数は陽数（奇数）に**
二汁七菜、計九品のコース。九という数字は、陰陽論では奇数の中で最高の数字とされる。さらに品数を増やす場合は11品、13品など。

**◎献立には「御」をつける**
最上級の敬意、丁重な気持ちを表する意味。

**◎料理名、行数も陽数（奇数）に**
できるだけ、料理名やその行数も陽数（奇数）にするのが好ましい。

**◎おめでたい言葉をちりばめる**
夫婦円満や、子孫繁栄などを表わす素材や言葉を随所に盛り込む。

御祝肴
松笠鮑
竹形蒿苣薹
青梅福久芽
海老君美寿
子持ち昆布

御吸物
夫婦蛤
淡路結大根、人参　鶴菜
口　柚子

御差身
鮪重ね作り
鯛松皮作り
車海老日の出作り
大根共白髪　鶴長芋　碇防風
山葵　土佐醤油

**◎祝肴**
料理名を3文字、5文字にし、5行どりにした。鮑、青梅、海老、昆布とおめでたい素材を、松、竹、梅、子持ちと縁起のよい料理名で。福久芽（含め）、君美寿（黄味酢）はおめでたいあて字。

**◎吸物**
婚礼の吸物の定番。夫婦和合の象徴の蛤に、紅白のしんじょうを詰め、水引に見立てた大根と人参の淡路結びを添える。鶴菜（蔓菜）はおめでたいあて字。

◎**差身**
「刺」の字を避け、差身とする。主素材を3行どりで。鯛、海老、長芋はおめでたい素材。重ね、松皮、日の出、共白髪、鶴はおめでたい表現。

◎**口代り**
日の出、巻き物、博多、牡丹はおめでたい表現。

◎**鉢肴**
尾頭付きとするのが望ましいが、むずかしい場合は、切り身を巻いて俵包みにする、あるいは、7つの具材（七宝）を包んで宝来蒸しとするなど、表現方法を変えて工夫すればよい。鳴門、熨斗、梅、曙はおめでたい表現。

◎**煮物**
黄金、福久芽（含め）、裏白、亀甲、扇、富貴（蕗）はおめでたい表現やあて字。

◎**揚物**
伊勢海老、梅はおめでたい素材。貴美（黄身）揚げ、白扇揚げはおめでたい表現。

| | |
|---|---|
| 御口代り | 日の出有平蒲鉾　鴨ロース　セルフイユ<br>鶉玉子巻き　蟹博多糸掛<br>牡丹百合根 |
| 御鉢肴 | 小鯛姿焼き　金銀尾紙鰭飾り<br>鳴門熨斗梅　曙生姜 |
| 御煮物 | 帆立黄金煮　福久芽里芋<br>裏白亀甲しいたけ　扇人参<br>富貴の青煮 |
| 御揚物 | 伊勢海老貴美揚げ<br>梅白扇揚げ　獅子唐葛そうめん |
| 御酢の物 | 平目昆布〆<br>唐くさ赤貝<br>独活　寿海苔　加減酢 |
| 御留椀代り | 茶碗蒸<br>鶏肉　筍　椎茸<br>生麩　三つ葉<br>口　柚子 |
| 御飯 | 赤飯<br>胡麻塩 |

◎**酢の物**
昆布、寿海苔（水前寺海苔）はおめでたい素材。

◎**留椀代り**
止椀とせず、留椀とする。

◎**飯**
飯は赤飯（小豆、ささげ）か白飯が基本。

※**会席料理**
本膳料理や茶懐石料理の作法に縛られずに、おいしいものを食べたいという需要から生まれた形式で、あらかじめ決まった献立のある料理をいう。一品ずつ運び、すべて食べ切ってしまう喰い切り形式と、だいたいのものはあらかじめ並べておき、温かいものだけを後から提供する宴会形式とがある。

本膳料理はご飯を食べるための料理だが、会席料理は基本的にお酒を飲むための酒菜で構成されており、ご飯は最後に出る。

# 本膳形式の精進料理

三之膳
本膳

# 本膳形式の精進料理
## （三汁香の物共九菜）

精進料理は、もともと不祝儀用の料理を意味するものではなく、寺院などで僧侶たちが日常的に食べていた料理をいう。それがいくつかの過程を経て、供養に訪れる人々などの間にも広がり、不祝儀用の料理として一般社会に浸透していったものと思われる。

本書では、不祝儀用の料理として精進料理を取り上げているが、まず、精進料理の中でももっとも格式が高いとされる本膳形式で、三汁《さんじゅう》香の物共《こうのものとも》九菜《きゅうさい》の料理を紹介する。主として法要を想定した料理なので、色調や言葉使いなどにもそれなりの配慮が必要となる。

◎**配膳**

塗りの高足膳や折敷を用い、本膳を客正面に、客から見てその右側に二之膳、本膳の左側に三之膳をおく（写真では便宜上、本膳の向こう）。箸は杉の利休箸。

●**本膳**

本膳には必ず、飯、汁、香の物が入り、これに向、坪などが付くのが基本。膳の数、菜の数によって、さらに平椀、木皿などが付くこともある。

◎**飯**

不祝儀の飯は、白飯か、白蒸し（もち米を蒸したもの）、黒豆入りの白蒸しなど。蓋が付く。

**本膳**

| | |
|---|---|
| 飯 | 白飯 |
| 本汁 | 三州味噌仕立<br>小豆豆腐<br>焙り湿地茸<br>水芥子 |
| 向 | 胡麻豆腐<br>白木耳　独活　花穂<br>山葵　割醤油 |
| 坪 | 菊花薯蕷巻<br>椎茸　隠元<br>割ぽん酢 |
| 椿皿 | 面取り沢庵<br>柴漬け<br>梅干 |

◎**本汁**

本膳の汁は味噌仕立が基本。蓋が付く。

◎**向**　むこう

胡麻豆腐などの練り物や、なますなどを盛る。

◎**坪**　つぼ

和え物、酢の物、浸し物などを盛る。

◎**椿皿**　つばきざら

香の物を盛る。

●二之膳
必ず汁が付く。その他、平椀、木皿、坪など、膳の数、菜の数に応じて。
◎二之汁
吸物（すまし仕立）が基本。蓋が付く。
◎平椀
煮物を盛る。蓋が付く。
◎木皿《きざら》
揚物、焼物などを盛る。
●三之膳
必ず汁が付く。その他、木皿、坪など、膳の数、菜の数に応じて。
◎三之汁
本汁とは異なる味噌仕立とするのが基本。蓋が付く。

二之膳
二之汁　蓮根茶巾
　小松菜
平椀　鋳込み高野
　南瓜　芋茎
　菊菜　菊花
木皿　慈姑最中
　菊花銀杏
坪　柿、香茸、黒豆、
　蒟蒻、蓮根
　白和え
三之膳
三の汁　白味噌仕立
　菊花蕪
　菊花
坪　京禅麸　干し杏
　干瓢　枸杞の実
　加減酢
木皿　湯葉牛蒡巻き
　海老芋揚げ出し
　紫豆　尾花生姜　獅子唐
　煎り塩　酸橘
木皿　揚げ昆布
　光琳菊

●飯器
飯のおかわり。
●湯桶
三之汁のおかわり。

※**精進料理**
本来は仏教思想に従った料理をいい、教義で禁じているさまざまな規律を守り（動物性食品やにおいの強い野菜類を食べない）、修行中の僧侶が日常の食としているものを指すが、現在では思想性とは関係なく、動物性食品の入らない料理を指すことが多い。もっとも格式が高いとされるのは本膳形式の精進料理で、朱塗りの器で供される。基本的な構成は一般の本膳料理と同様だが、器の呼称など、宗派などによって若干異なる点がある。

# 精進の法事会席

香の物
汁
御飯
揚物
煮物

# 精進の法事会席
## （六品コース）

現代では、弔事にあっても精進料理にこだわる例はあまりなく、通夜や葬儀の席でさえ、魚介類の刺身や天ぷらが出されることも少なくない。施主の意向もあり、それも一つの選択肢と思われるが、本書では、故人をしのび、生前の恩に感謝し、来世の安寧を願うという場においては、やはりある意味で殺生をしない精進料理がふさわしいと考え、法要のための料理として精進料理を取り上げている。

ここで紹介するのは、六品コースの現代風の会席料理。身近にある野菜や乾物を使い、調理法を工夫して、ほどよいボリュームに仕上げる。

前菜
　菊花薯蕷巻き　加減酢
　うすい豆羹　枸杞の実
　揚げ麩、香茸、キウイフルーツ　白和え
向
　胡麻豆腐
　　独活　三つ葉　岩茸　花穂
　　山葵　割醤油
焼物
　米茄子味噌田楽
　スナップエンドウ
　　ふり胡麻
煮物
　南瓜　筍　蒟蒻
　蓮根　人参　絹さや
揚物
　海老芋　椎茸　小茄子
　茗荷　獅子唐　海苔
　　生姜おろし　天つゆ
飯　白飯
けんちん汁
　大根　人参　牛蒡
　椎茸　蒟蒻　里芋
　切り昆布　豆腐
　　粉山椒
香の物
　沢庵　柴漬け　梅干

**◎品数は偶数でよい**
一汁五菜、計六品のコース。偶数に強くこだわる必要はないが、不祝儀では陰数（偶数）がよしとされる。

**◎使わないほうがよい言葉**
「結び」「重ね」「合わせ」「寄せ」など、祝儀にふさわしい言葉は使わないように注意する。

**◎質素なイメージとは別の価値観**
精進料理はいまや野菜主体の健康料理。胡麻油などを適宜に使えば栄養バランスもよく、調理法を工夫することで、味の変化もつけられる。限られた食材をおいしく食べようという工夫が生きる料理である。

# 婚礼献立の書き方

## ●献立名の上に必ず「御」をつける

婚礼の献立には、必ず「御」の字をつけるのが習わしである。最上級の敬意、祝意を表するもので、「謹んでこのお祝の席の料理を担当いたします」という気持ちを表わす。

## ●縁起のよい言葉を選んで使う

婚礼にふさわしい、夫婦円満や長寿を表わす言葉、子孫繁栄や一家の永続を表わす言葉、出世、栄達を願う言葉、始まりを意味する言葉などを随所に盛り込む。たとえば、紅白蛤を夫婦蛤と表現したり、海老を曙海老、車海老日の出作りと表現するなど。

逆に使わないほうがよい言葉は、味噌漬け（味噌をつける）、割○○（割るのはよくない）、刺身（刺すのはよくないので差身や造りに）や、切れる、分かれる、壊れる、崩れる、欠ける、乱れるなど。

## ●吉祥文字のあて字も適度に活用

寿、喜、福などの吉祥文字を、あて字として使うのもよい。たとえば、焼物→家喜物（婚礼では家が大事）、酢の物→寿の物、含め→福久芽、蕗《ふき》→富貴など。使いすぎは禁物だが、適度に使えば、お祝の雰囲気を盛り上げることができる。

## ●品数は陽数（奇数）で構成

陰陽論でいうと、祝儀は陽、不祝儀は陰。すなわち、祝儀の献立の品数は、陽数（奇数）であるのが好ましい。基本的には、飯、香の物は数えず、汁と菜（おかず）を数えるが、香の物や水菓子などで調整し、柔軟性を持って対応することが肝要である。

## ●料理名、素材名、行数もできるだけ陽数（奇数）に

献立に書く料理名や素材名、行数も、できれば3、5、7文字（行）などの陽数（奇数）に揃えたい。たとえば、割醤油（割るのはよくない）→加減醤油（4文字は避けたい）→加減醤（ひしお）など。また、結び人参→結人参、有平蒲鉾→日の出有平蒲鉾または紅白有平かまぼこなど。陰数（偶数）の中でも、2は夫婦を象徴する数字、8は末広がりで好まれる傾向にあり、もっとも避けたいのは死につながるとされる4である。日本語は漢字、ひら仮名の書き分けができ、送り仮名での調整も可能なので、できる範囲で努力をしたいところだ。

これらのことは、神経質になりすぎるのもよくない。大切なのは、それだけ特別な、細やかな心遣いをして、献立に祝意を込める、ということである。

# 祝肴 一品集

祝肴《いわいざかな》とは祝いの膳の酒肴のこと。広くいえば祝宴の料理すべてが祝肴でもあるが、ここでは祝いの趣向を込めた伝統的な口取肴《くちとりざかな》を、祝肴一品集として集めてみた。口取肴はもともとは昆布や熨斗鮑《のしあわび》、勝ち栗などの儀式用の肴のことをいったが、時代とともに食べるための料理へと変化し、嶋《しま》台《だい》や口取皿などにいろいろと盛り合わせて提供されるようになった。これらの中には、材料から調理法、料理名にいたるまで、祝いの膳を彩る要素が濃密に詰まっている。

# 料理解説を読む前に

## 【だし・合わせ調味料・基本材料】

**昆布だし**
水6リットルに昆布120gを入れ、冷蔵庫に入れて4時間以上おく。

**吸い地**
一番だしに、塩、薄口醤油で味をつける。塩分濃度は0・8～1％程度。濃い目の吸い地は、塩、薄口醤油ともに少し増やして、塩分濃度を2％くらいにしたもの。

**薄口八方**　うすくちはっぽう
一番だし8、薄口醤油0・8、ミリン1の割合で合わせたもの。

**濃口八方**　こいくちはっぽう
一番だし7、濃口醤油1、ミリン1の割合で合わせたもの。

**味塩地**　みしおじ
水900cc、酒200cc、塩20g、爪昆布少量を合わせてひと煮立ちさせ、旨み調味料を加えて冷ます。

**酒塩**　さかしお
水900cc、酒180cc、塩10gを合わせてひと煮立ちさせ、冷ます。

**玉酒**　たまざけ
水と酒を同量で合わせたもの。

**甘酢**　あまず
水1リットル、酢500cc、砂糖400g、塩20gを合わせ、ひと煮立ちさせて冷まし、レモンの果肉をカーゼに包んだものを入れて一晩おく。

**すし酢**
酢900cc、昆布10g、砂糖250g、塩100g、濃口醤油10cc、薄口醤油15ccを合わせて火にかけ、砂糖と塩が溶けたところで火からおろす。溶ければよく、人肌以上には温めない。

**すし飯**
昆布を1片加えて、少し固めにご飯を炊き、熱いうちに盤台にうつして、すし酢を混ぜ合わせる。

**黄味寿し**　きみずし
ヤマイモ（200g）の皮をむいて適宜に包丁し、酢水に浸けてアク止めした後、甘酢で柔らかくなるまでゆでて、裏ごしにする。そこに裏ごしにしたゆで卵の黄身（2個分）と塩を加えて練る。

**黄身蝋**　きみろう
卵黄に少量のミリンを混ぜ合わせたもの。

**薄蜜**　うすみつ
水1・8リットルにグラニュー糖200gを煮溶かしたもの。

**本蜜**　ほんみつ
水1・8リットルにグラニュー糖400gを煮溶かしたもの。

**すり蜜**
鍋に水と砂糖（上白糖）を同量入れて、溶かしながら火にかける。沸くまでは中火よりやや強めの火で、沸いたら火を弱めて、すりこぎで混ぜながら煮つめる。ピチピチと音がして、鍋底に輪がかけるくらいの粘りになったら、アク止めに酢を少量加えて火からおろし、一定方向に強くすりこぎを回転させて空気を入れ込む。真っ白になって固まりかけたら、スプーンですくって材料にかける。柔らかく仕上げたい時には、最後に泡立てた卵白を加える。基本的にその場で作ってその場で使う。

**灰アク水**　はいあくすい
わら灰や木灰を水に溶かし、灰を沈殿させる。この上澄み液を灰アク水として使う。

**生身**　なまみ
白身魚のすり身のこと。市販のすり身を使うのが一般的。作る場合には、白身魚を細かく叩き、塩を少量加えてすり鉢ですり、浮き粉、ミリンを加えてさらにすり混ぜる。

**蒲鉾の生地**
生身に隠し味程度の煮きりミリンと煮きり酒を加えて混ぜ合わせる。味をみて、塩が足りなければ足す。

**シート状の蒲鉾の作り方**
水でぬらしたまな板の上にラップを敷き、竹串を2本、間隔をあけて平行におく。その間に蒲鉾の生地をおき、竹串の厚みにのばして蒸し器で蒸す。

**カステラ玉子の生地**
生身と卵黄をすり鉢ですり、全卵、砂糖、酒、ミリン、薄口醤油を加えてさらにすり混ぜる（フード・プロセッサーを使ってもよい）。最後に泡立てた卵白を加えてさっくりと合わせる。分量の目安は、生身３００g、卵黄5個分、全卵8個分、砂糖２００g、酒50cc、ミリン50cc、薄口醤油15cc、卵白3個分。

**立て塩**

海水程度の濃度（約３％）の塩水。

**塩カズノコの塩抜き**

薄い立て塩に1日程度浸す。

**求肥昆布**《ぎゅうひこぶ》

板昆布の加工品の一種で、竜皮昆布ともいい、柳の樹皮に似ているのでこの名がある。一般に市販品を使うことが多いが、作る場合は、上質の昆布を4～5時間蒸し、竹串がスッと通るようになったら引き上げ、酢５００ccに砂糖２００gを溶かした液にくぐらせ、自然乾燥させる。

**【用語】**

**浮き粉**

小麦粉中のグルテンを取り除いた後、精製した粉。蒲鉾などのつなぎに使う。

**うす板**

ヒノキやスギなどの木材を薄い板状にはいだもの。へぎ、へぎ板ともいう。

**押し枠**

飯などの材料を入れて形どる器具。底板、外枠、押し蓋からなり、底板と外枠を組み合わせたところへ材料を詰め、押し蓋で押さえて、外枠だけを引き抜く。

**鞍かけ**《くらかけ》

とろりとしたものを、馬の鞍のような形に材料にかけること。

**算木形**《さんぎがた》（に切る）

算木とは、和算で用いる、細長い四角柱の計算用具。この形、すなわち、四角柱に切ることを算木形に切るという。

**敷きざる**

荒く編んだ竹製のざる。煮物をする時、煮くずれや焦げつきを防ぐため、鍋底に敷いて用いる。

**上身**《じょうみ》

料理に使わないところを除き、すぐに使えるように下ごしらえした魚などの正身のこと。一般には三枚におろした魚の片身から腹骨を取り除いたもの。

**つけ包丁**

蒲鉾やしんじょう地などをつけ板につけ、形を整えるのに使う包丁。刃はなく、ヘラのように使う。

**鉄扇串**《てっせんぐし》

平たく削った青竹、すす竹などの串。上下二股になっており、下の短いほうの串を材料に刺し、上の長いほうの串は材料の上に出して押さえとし、鉄扇の骨に見立てる。

**鍋止め**《なべどめ》

煮物を作る際、煮上がった材料にさらに味を含ませるために、火をとめてそのまま鍋の中に入れておくこと。

**二枚鍋**《にまいなべ》

鍋を二重にして材料を湯せんにすること。外側の鍋に湯を沸かし、そこに材料を入れたひと回り小さな鍋を浸けて、湯せんの状態で加熱する。

**糠抜き**《ぬかぬき》

糠ゆでしたタケノコなどを、水から煮て、糠臭さを抜くこと。

**糠ゆで**《ぬかゆで》

水に米糠とタカノツメを入れて、タケノコなどをゆでること。

**パールアガー**

スギノリ、ツノマタなどの海藻から抽出されるカラギーナンという多糖類から作られる凝固剤。

**結い草**《ゆわいそう》

うす板を細く裂いてひも状にしたもの。竹の皮や糸よりもあたりが柔らかい。

## 紅白

### 1 紅白鳴門膾《こうはくなるとなます》

ダイコンとニンジンの桂むきを重ねて巻いた膾。紅白、巻き物で祝意を表わす

### 2 大根、人参紅白膾《だいこん、にんじんこうはくなます》

おめでたい席には付きもののダイコンとニンジンの紅白の酢の物

### 3 梅干し人参覆輪《うめぼしにんじんふくりん》

シワの寄った梅干しは長寿の象徴。京ニンジンを梅干しに見立て、輪掛けで紅白に

### 4 孔雀玉子《くじゃくたまご》

とりどりに色づけたゆで卵で羽根を広げた孔雀を表現

### 5 紅宇治橋蒲鉾《べにうじばしかまぼこ》

伊勢神宮内宮参道口に架かる宇治橋に見立て、紅白で祝意を表わした蒲鉾

### 6 紅白手鞠寿し《こうはくてまりずし》

エビとサヨリで紅白を表わした小さな手鞠寿し。並べておく時は紅が右

松

7
## 三蓋松《さんがいまつ》

三つ山のある三蓋松は典型的な松の形。緑に染めた生身で繊細な形を表現

8
## 常磐の松《ときわのまつ》

松を形どったキュウリの巻き物。芯にしたカズノコは子孫繁栄を表わす

9
## 松葉萵苣薹《まつばちしゃとう》

おめでたい松葉を形どったチシャトウの地浸け

10
## 松笠床節《まつかさとこぶし》

おめでたい松笠（松ぼっくり）を形どったトコブシのうま煮

11
## 松笠慈姑《まつかさくわい》

芽が出ることから、祝いの料理に使われるクワイを、おめでたい松笠形で

12
## 松笠玉子《まつかさたまご》

ウズラ卵のうま煮に松の実を鋳込み小さな松笠（松ぼっくり）の形に

## 1 紅白鳴門膾

1．ダイコン、ニンジンを桂むきにし、それぞれ立て塩に20～30分間浸ける。しんなりしたら引き上げて、梅酒（1割程度）を加えた甘酢に30分間以上、別々に浸けておく。
2．巻き簾の上にダイコン、ニンジンと重ね、鳴門に巻く。巻き簾からはずし、うす板で巻きなおして、結い草で縛り、1．と同様に作った甘酢に浸けておく。
3．使う時に適宜の幅に切る。

※桂むきはダイコンを厚めに、ニンジンを薄めにむくのがコツ。立て塩に浸けるとダイコンが薄くなって、ニンジンの紅色が目立ちすぎるため。

## 2 大根、人参紅白膾

1．ダイコン、ニンジンはごく細い拍子木切りにする。それぞれ塩をふり、布巾で包んでよくもんだ後、しっかりと絞る。こうすると、パリッと歯ごたえのある食感が得られる。
2．ダイコン、ニンジンを合わせ、甘酢に1割程度の梅酒を加えた地に4～5時間浸ける。

## 3 梅干し人参覆輪

1．京ニンジンを梅干し形（球状）にむき、本蜜に薄口醤油少量を加えた地で煮る。
2．箸で押してヘソの部分を形作る。
3．地をきって（地はとりおく）、一晩干す。干すことでシワが寄り、梅干しのニュアンスが出る。
4．翌日、3．の地に戻し、再び煮含める。
5．すり蜜を作り、スプーンですくって、ニンジンにかける。

※覆輪（ふくりん）は一般に関東地方で用いられる言葉で、関西地方では輪掛け（りんかけ）と呼ぶことが多い。

## 4 孔雀玉子

1．ゆで卵を黄身と白身に分け、6色の生地を作る。いずれも卵5に対して砂糖1、全体の1割の生身を合わせる。
①茶色／黄身＋小豆餡＋砂糖＋生身
②黄色／黄身＋砂糖＋生身
③薄緑色／白身＋抹茶＋砂糖＋生身
④濃緑色／白身＋青寄せ＋砂糖＋生身
⑤白色／白身＋砂糖＋生身
⑥桃色／白身＋紅粉＋砂糖＋生身
2．茶色の生地を棒状にまるめ、巻き簾にのばした黄色の生地で巻く。同様に③④⑤⑥と1色ずつ順に巻いていく。この時、孔雀が羽根を広げた形に見立てるため、下の生地は手前を薄く、徐々に厚く、そしてまた薄くしておく。
3．蒸し器で蒸し、冷めてから切る。

## 5 紅宇治橋蒲鉾

1．蒲鉾生地を作る。生身に隠し味程度の煮きりミリンと煮きり酒を加えて混ぜ合わせ、味をみて塩が足りなければ加える。約1/3量を色粉で桃色に染める。
2．生地を蒲鉾形に整えて蒸す。
3．上部に山形の切り込みを入れ、上から桃色に染めた生地をのせ、蒲鉾形に整えてもう一度蒸す。
4．冷めてから、適宜の幅に切り分ける。

※京都の宇治がお茶の産地であるため、抹茶を使った料理にも宇治の名がつくことが多いが、ここでいう宇治橋は伊勢神宮内宮の参道口にある橋の名称で、その橋脚部分の形をイメージしたもの。

## 6 紅白手鞠寿し

1．サヨリを3枚におろし、薄塩をあてて15分間くらいおいた後、酢で3分間ほど締める。皮を引いて観音開きにする。
2．車エビは酒塩でゆで、おか上げにして、地と別々に冷ます。冷めたら殻をむき、腹開きにして背ワタを取り、冷ました地でよく洗ってから、観音開きにして甘酢に浸けておく。
3．ぬれ布巾にサヨリ、エビをそれぞれのせ、まるめたすし飯をのせて茶巾絞りにする。
4．サヨリの上にイクラ（塩漬け）を、エビの上に木の芽をのせる。

## 7 三蓋松

1．ゴボウは洗って糠ゆでし、糠抜きした後、濃口八方、砂糖の地で煮る。
2．生身を昆布だしで固めにのばし、色粉で淡い緑色に染める。
3．ぬらしたまな板の上に割箸を２本、間隔をあけて平行におき、その間に２．の生身をのばして板状の生身とする。この右端にゴボウを１本のせ、つけ包丁で巻き込む。同じものを３本作る。
4．巻き簾の上にラップ紙を敷き、３．の生身巻きゴボウを２本、その間に１本重ね、巻いて形を整える。上に２本、下に１本、丸箸をあて、三蓋松の形にして両端を輪ゴムでとめ、蒸し器で蒸す。
5．冷めてから適宜の幅に切り分ける。

## 8 常磐の松

1．塩抜きしたカズノコの周囲に昆布だしでのばした生身を薄くぬりつけ、断面が楕円形になるように形を整える。ラップ紙に包んで蒸す。
2．キュウリ、ダイコンを桂むきにし、差し昆布をした立て塩に浸ける。
3．薄いシート状の蒲鉾を作る（30頁参照）。
4．巻き簾にキュウリ、蒲鉾、ダイコン、蒲鉾と重ね、１．のカズノコを中央において巻く。
5．巻き簾をはずし、酒でふいた昆布で巻く。断面が松の形になるように、丸箸を上に２本、下に１本あてて結い草で縛る。冷蔵庫で２時間以上おく。
6．適宜の幅に切り分ける。

## 9 松葉蒿苣薹

1．チシャトウの皮をむき、５㎜くらいの厚さの短冊に切る（ここでは５cm×２cmくらいの大きさを目安に）。
2．片側１cmくらいを残して、中央に切り込みを入れる。
3．塩を加えた湯でゆで、氷水にとって、水気をきる。
4．味塩地に浸ける。
5．切り目を開いて盛りつける。写真は２段重ねて盛ってある。

## 10 松笠床節

1．トコブシを殻からはずし、掃除をする。表の面（殻に付いていなかったほうの面）に鹿の子に包丁目を入れる。
2．サラダ油で揚げ、熱湯をかけて油抜きする。
3．濃口八方に砂糖、溜り醤油、オイスターソース少量を加えて味をととのえる。この地にトコブシを入れ、約40分間、蒸し煮込みにする。

## 11 松笠慈姑

1．クワイを松笠に包丁する。
2．サラダ油で揚げる。ここでしっかりと強めに揚げておくと、でんぷん質がくずれず、きれいに形を保つことができる。
3．熱湯をかけて油抜きした後、濃口八方に砂糖を少量加えた地で煮含める。

## 12 松笠玉子

1．ウズラの卵をゆでて殻をむく。
2．松笠に包丁する。
3．濃口八方に砂糖を少量加えた地でさっと煮る。地にしばらく浸けておくだけでもよい。
4．松の実を煎って、下から１粒鋳込む。

※ウズラの卵をゆでる時、玉杓子で回しながらゆでると黄身が中心で固まるので、松笠に包丁した時に黄身が片寄らずにきれいに仕上がる。

## 13 竹萵苣薹黄味寿し《たけちしゃとうきみずし》

まっすぐ勢いよく伸びる竹を形どったチシャトウ。3本で門松を表現

## 14 笹萵苣薹《ささちしゃとう》

松竹梅の竹（笹）を形どり、縁起のよさを表わしたチシャトウの地浸け

## 15 雪笹昆布《ゆきざさこぶ》

松竹梅の竹（笹）でおめでたさを表わした求肥昆布。雪を積もらせて冬の風情に

## 16 筍慈姑《たけのこくわい》

芽が出るクワイを、勢いよく伸びるタケノコの形にむき、祝意を表わした煮物

## 17 姫竹の子土佐揚げ《ひめたけのことさあげ》

勢いよく成長するタケノコでおめでたさを表わす。婚礼には2本づけがよい

## 18 筍寿し《たけのこずし》

ぐんぐん成長するタケノコは縁起のよい素材。先端を使って天に伸びる勢いを表現

## 19 梅百合根《うめゆりね》

松竹梅の梅の色と形で
おめでたい気持ちを出した「寄せもの」

## 20 梅長芋《うめながいも》

長寿を表わすナガイモを、松竹梅の
梅に形どり、おめでたさを表現

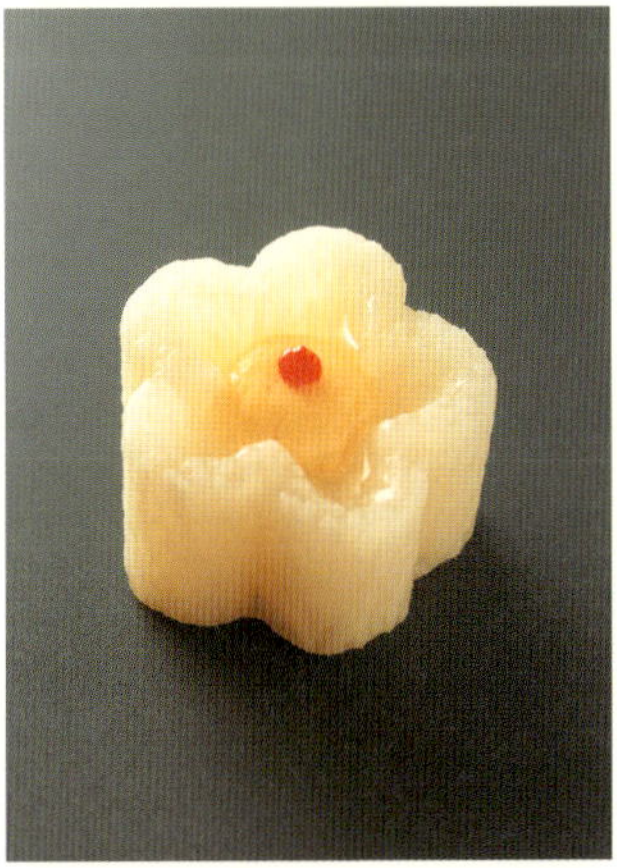

## 21 梅花堀川牛蒡《ばいかほりかわごぼう》

堀川ゴボウの皮をおめでたい松皮に見立て、
芯を梅型にぬいて淡紅色の生身を鋳込む

## 22 梅花玉子《ばいかたまご》

竹串で作った五角形の枠に入れ
梅花の形をつけたゆで卵

## 23 梅ベーコン玉子《うめベーコンたまご》

ウズラのゆで卵をベーコンで巻いて梅の
形に。淡紅色が梅の花のイメージ

## 24 蟹の梅鉢《かにのうめばち》

黄味寿しを芯にカニの棒身5本を配して
梅鉢形に。紅白と梅でおめでたさを

## 13 竹萵苣薹黄味寿し

1．チシャトウは皮をむいて適宜の長さに切り、芯をくりぬく。
2．塩を加えた湯でゆで、氷水にとって、水気をきる。
3．味塩地に浸ける。
4．黄味寿しを絞り袋でチシャトウに鋳込む。
5．先端を斜めに切り整えて盛りつける。

※婚礼や結納の席では、夫婦を象徴して２本とするのがベスト。また３本合わせて門松に見立ててもよい。

## 14 笹萵苣薹

1．チシャトウは皮をむき、笹の葉の形に包丁する。
2．塩を加えた湯でゆで、氷水にとって、水気をきる。
3．味塩地に浸ける。

※小さめに作り、３枚組み合わせて盛りつけると格好がよい。

## 15 雪笹昆布

1．求肥昆布を縦に長い六角形に包丁し、上から３分の２くらいのところまで、中央に切り込みを入れる。
2．左側の昆布を向こう側に折り、右側の昆布の上を通して、先端を右斜め下にもってくる。右側の昆布は手前に折り、左側の昆布の折り目の中を通して、先端を左斜め下にもってくる。形を整える。
3．提供時に餅粉をふりかける。

## 16 筍慈姑

1．姫クワイは皮付きのまま半日ほど陰干しにする。こうするとでんぷん質の濃度が上がってくっつきやすくなり、割れずに形が維持できる。
2．姫クワイの皮をむき、芯を残して桂むきにする。これを巻き戻し、下から芯の部分を押し出して、皮が重なりあったタケノコの形を表現する。
3．鶏挽き肉は薄口醤油、少量の砂糖で調味する。これを、芯の部分にできた空洞に小麦粉で打ち粉をして鋳込む。
4．さっと蒸してサラダ油で揚げ、熱湯で油抜きした後、濃口八方、砂糖の地で煮含める。

※ジャガイモでも可能。

## 17 姫竹の子土佐揚げ

1．姫タケノコは糠ゆでし、皮をむいて水洗いする。糠抜きした後、形よく包丁し、薄口八方、砂糖の地で煮含める。
2．水気をきり、下部に打ち粉をし、卵白をからめて、糸がきカツオをまぶし付ける。
3．サラダ油で揚げる。

※婚礼や結納の席では、小さめのタケノコを用意し、夫婦を象徴して２本づけにするのが望ましい。

## 18 筍寿し

1．タケノコは小さめのものを用意し、先端の柔らかい部分を使う。糠ゆでし、皮をむいて水洗いした後、糠抜きする。真ん中をくりぬき、薄口八方、砂糖の地で煮含める。
2．すし飯に叩き木の芽を混ぜ込む。これをタケノコの真ん中に詰め、少し開いた感じに仕上げる。

## 19 梅百合根

1．ユリネの芯の形のよいところを使う。蒸した後、本蜜で煮含める。
2．バットに寒天地（水３にふやかした寒天１を煮溶かす）を４㎝くらいの厚さに流し、冷やし固める。間隔をあけながら梅型でぬいて、梅の形の流し型を作る。
3．共地（1．で煮含めた地）10にパールアガー１を煮溶かし、少量の梅肉で色づけして淡紅色のゼリー液を作る。
4．2．の流し型に3．のゼリー液をまず約５分の１の高さまで注ぎ入れ、固まりかけてきたところで、1．のユリネを１つずつ入れ、上までゼリー液を流す。冷蔵庫で冷やし固める。
5．固まったら型から取り出す。

## 20 梅長芋

1．ナガイモは皮をむいて適宜の幅の輪切りにし、くりぬきを使って上部を梅型にくりぬく。
2．ミョウバン水に浸けてアク止めし、洗い流した後、蒸し器で蒸す。これを薄蜜で煮含める。
3．くりぬいた部分に共地（2．で煮含めた地）で作ったゼリー液（共地10に対してパールアガー１を煮溶かす）を流し、真ん中にまるめた黄味寿しをおいて冷やし固める。
4．中央に梅肉をあしらう。

## 21 梅花堀川牛蒡

1．堀川ゴボウはタワシを使ってきれいに洗う。適宜の長さに切り、糠ゆでする。芯の部分を梅型にくりぬき、糠抜きした後、薄口八方、砂糖の地で煮含める。
2．生身を昆布だしでのばし、色粉で淡紅色に染める。
3．ゴボウの芯の部分に片栗粉で打ち粉をし、2．の生身を鋳込む。天地にうす板をあてて蒸し器で蒸す。
4．冷めてから適宜の幅に切り分ける。

## 22 梅花玉子

1．五角柱のダイコン（高さ２㎝くらい）を２個、切り出す。５つの角に竹串（または金串）を刺して、五角形の枠とする。
2．ゆで卵（固ゆで）を作り、熱いうちに殻をむく。天地を切り落とし、1．の五角形の枠内に、いくつか重ねて入れる（串の高さぶんだけ積み重ねる）。
上からもダイコンをのせ、串に刺してとめる。真ん中は結い草で縛っておく。
3．冷めて形が固まったら、枠からはずし、適宜の幅に切り分ける。中央にイクラ（塩漬け）をのせて梅花に見立てる。

## 23 梅ベーコン玉子

1．ウズラの卵をゆでて殻をむき、天地を少し切り落とす。
2．巻き簾の上にラップ紙を敷き、卵が巻ける長さのベーコンを並べる。
3．昆布だしでのばした生身をベーコンの上全体に薄くぬる。小麦粉で打ち粉をしたゆで卵を横にして数個並べ、これを芯にして巻く。
4．五角形の枠（22の１．参照）に巻き簾ごとベーコン巻き玉子を入れ、上からもダイコンを刺してとめ、蒸し器でさっと蒸す。
5．冷めてから、黄身の真ん中の位置で切り分ける。

## 24 蟹の梅鉢

1．ズワイガニの棒身を甘酢で洗う。
2．黄味寿しを棒状にまるめる（カニと同じ長さ）。
3．巻き簾にカニの棒身を３本、赤いほうを下にして横に並べ、黄味寿しを真ん中におく。上に２本、赤いほうを上にしてカニの棒身を並べ、巻き簾で巻いて、梅鉢形に整える。フワッと巻くイメージで、あまり強く押さえないのがきれいに作るコツ。
4．軽く結い草で縛ってしばらくおき、なじませてから、適宜の幅に切る。

※強くしめると黄味寿しがカニの身の間から出て梅鉢の形が整わない。

梅

25
## 梅慈姑《うめくわい》

芽が出ることから祝いの料理に使われるクワイを、梅形にむいて

26
## 梅花のし梅《ばいかのしうめ》百合根包み《ゆりねづつみ》

ユリネあんを梅形ののし梅で包むように仕上げた一品。梅尽くしのおめでたさ

27
## 青梅福久芽《あおうめふくめ》

青梅の含め煮。「福」「久」「芽」の吉祥文字をあてて祝意を表わす

黄金

28
## 貝柱黄金和え《かいばしらこがねあえ》

卵黄に酒盗を加えて煎り上げた衣を黄金に見立て、ホタテ貝柱にまぶしつける

29
## 鱚《きす》、萵苣薹《ちしゃとう》 蕨《わらび》黄金和え《こがねあえ》

卵の黄身を黄金に見立てた和え物。魚へんに「喜ぶ」と書くキスも祝儀にふさわしい

30
## 蛤《はまぐり》、独活《うど》、菜花《なばな》袱紗和え《ふくさあえ》

婚礼に付きもののハマグリを和え物に。袱紗は「合わせる」意でおめでたい言葉

## 蕨手

### 31 針魚蕨手《さよりわらびで》

天にこぶしを突き上げるような、生命力あふれるワラビの形をサヨリで表現

### 32 蕨手烏賊《わらびでいか》

芽吹きを思わせるワラビを形どって焼き上げたイカ。黄身蝋は黄金を表わす

## 子持ち

### 33 鯛《たい》、蕨《わらび》唐墨和え《からすみあえ》

おめでたい素材、タイ、ワラビを、子孫繁栄につながるカラスミで和える

### 34 白魚《しらうお》、菜花《なばな》 真砂和え《まさごあえ》

魚の子（魚卵）で和えた「真砂和え」は子孫繁栄を願う一品

### 35 子持ち鱚《こもちぎす》

縁起のよい魚、キスにタラコを抱かせて蒸した一品。子孫繁栄の願いを込めて

### 36 子持ち椎茸《こもちしいたけ》

生身を抱かせた「子持ち」で子孫繁栄を祝う。裏の白さは二心なき潔癖さも表わす

## 25 梅慈姑

1．姫クワイを福良梅（ふくらうめ62頁の39参照）の形にむき、蒸した後、薄口八方に少量の砂糖を加えた地で煮含める。
2．中心にイクラ（塩漬け）をのせて盛りつける。

※ねじり梅の形にむいたクワイもよく見かけるが、本来、ねじり梅は裏梅（裏側から見た梅花）を表わしているため、ここでは表側から見た梅花を表わす福良梅の形とした。

## 26 梅花のし梅 百合根包み

1．ユリネとヤマトイモを、それぞれ塩蒸しして裏ごしする。
2．ユリネ10に対して、ヤマトイモ1、砂糖2、溶かしバター0.2の割合で混ぜ合わせてユリネあんとする。溶かしバターを加えると、ユリネがひび割れせず、しっとりと仕上がる。
3．のし梅を梅型でぬき、まるめたユリネあんの上にかぶせて包むようにする。真ん中に白玉あられを1粒のせる。

## 27 青梅福久芽

1．青梅をよく水洗いし、針打ちして、立て塩に一晩浸ける。翌日、銅鍋でゆでる。梅が1つふっと浮き上がってきたら火からおろし、水にさらす。ここでほどよく酸味と塩分を残すのがポイント。
2．薄蜜で煮含め、鍋止めして一晩おく。
3．翌日、本蜜に浸け換えて煮含め、鍋止めして一晩おく。
4．共地（3．の煮汁）10に対して、パールアガー1を加えて煮溶かし、バットに薄く流して冷やし固める。
5．4．の共地ゼリーを短冊に切り、青梅に鞍がけして盛りつける。

## 28 貝柱黄金和え

1．ホタテ貝の貝柱は掃除して、立て塩で洗った後、70℃くらいの酒塩でゆでる。地に浸けたまま冷ます。
2．酒盗（カツオの塩辛）に酒を加えて煮立て、こして酒盗汁をとる。
3．卵黄に酒盗汁を加えて混ぜ合わせ、二枚鍋で煎り上げて煎り酒盗とする。
4．ホタテ貝柱を地から引き上げ、水気をきって煎り酒盗をまぶし付ける。

※煎り酒盗の分量の目安は、卵黄10個分に対して、酒盗100g、酒200cc、旨み調味料少量。

## 29 鱚、萵苣薹 蕨黄金和え

1．キスは三枚におろして皮を引き、薄塩をして約15分間おく。酒で湿らせた昆布で挟み、ラップ紙で包んで冷蔵庫で約30分間おき、そぎ切りにする。
2．チシャトウは皮をむいて短冊に切り、色よくゆでて氷水にとり、水気をきって、味塩地に浸ける。
3．ワラビは灰アク水でゆで、そのまま一晩浸けおいてアク止めする。水によくさらした後、再度水からゆで、水気をきって味塩地に浸ける。
4．ゆで卵の黄身を裏ごしして、塩、旨み調味料で味つけし、二枚鍋で煎って煎り玉を作る。
5．キス、チシャトウ、ワラビに煎り玉をからめて重ね盛りにする。

## 30 蛤、独活、菜花袱紗和え

1．ハマグリは酒塩でゆで、殻から身をはずして、砂や汚れなどをきれいに除く。ゆで汁をこして冷まし、ハマグリの身を浸けておく。
2．ウドは適宜に包丁し、レモン水に浸けてアク止めする。
3．ナバナは色よくゆで、氷水にとった後、水気をきって、差し昆布をした味塩地に浸ける。
4．黄味酢を作る。卵黄をときほぐし、二枚鍋にして、木杓子で混ぜながら火を入れる。酢、砂糖、煮きりミリン、塩、薄口醤油で味をととのえ、裏ごししてとろっとした状態に仕上げる。
5．ハマグリ、ウド、ナバナを4．の黄味酢で和えて盛りつける。

## 31 針魚蕨手

1．サヨリは３枚におろし、小骨を除く。薄塩をして15分間くらいおく。
2．皮目を下にしておき、身側に、昆布だしでのばした生身をぬり重ねる。
3．包丁でクセをつけながら、向こうから手前に、途中まで巻き込む。
4．ラップ紙で包み、蒸し器で蒸す。
5．冷めたらラップ紙をはずし、巻き込んだ部分の真ん中の血合いの中央に切り込みを入れる。本を閉じるように左右から折りたたみ、巻き込んだ部分の形をワラビ形に整える。血合いがうず巻状の文様となって、ちょうどワラビのように見える。

## 32 蕨手烏賊

1．イカの胴を開き、薄皮をていねいにむく。周囲を落として四角形にする。
2．表の面の片側、約３分の１の範囲に、繊維に直角に切り目を入れる。
3．ワラビ形に串打ちし、薄塩をふって焼く。途中、黄身蝋を刷毛でぬってさらに焼き、もう一度黄身蝋をぬって焼き、３回目の黄身蝋をぬった後、ワラビの頭の部分に青海苔粉をふって焼き上げる。色が飛ぶので焼きすぎないように注意する。
4．冷めてから、適宜の幅に切る。

## 33 鯛、蕨唐墨和え

1．タイを上身にし、薄塩をあてて15分間ほどおく。酒で湿らせた昆布に挟み、ラップ紙で包んで冷蔵庫で30分間ほどおいて、昆布締めにする。使う時に、適宜の大きさのそぎ切りにする。
2．ワラビは灰アク水でゆで、そのまま一晩浸けておいてアク止めする。水によくさらした後、再度水からゆで、水気をきって味塩地に浸ける。
3．カラスミの薄皮をむき、おろし金ですりおろす。
4．タイ、ワラビをカラスミで和える。

## 34 白魚、菜花真砂和え

1．シラウオは洗って薄塩をあて、15分間ほどおいた後、酒をふって蒸す。
2．ナバナは塩を加えた湯でゆで、氷水にとって色止めし、水気をきって、差し昆布をした味塩地に浸ける。
3．シラウオとナバナを、少し酒でのばしたトビコ（塩漬け）で和える。

## 35 子持ち鱚

1．キスは３枚におろし、薄塩をあてて15分間くらいおく。
2．巻き簾の上にラップ紙を敷き、キスの身を縦にして数枚並べる。昆布だしでのばした生身を薄くぬり、タラコ（丸ごと）を芯にして巻き込む。
3．両端を縛って蒸し器で蒸し、冷めてから適宜の幅に切る。

## 36 子持ち椎茸

1．生シイタケは軸を取り、傘の裏側に片栗粉で打ち粉をして、昆布だしでのばした生身をぬりつける。こんもりとした形に整える。
2．蒸し器で蒸す。

※裏白椎茸ともいう。
※白の生身と、淡い紅色に染めた生身の両方で作り、紅白で提供するのもお祝にふさわしい。

## 37 津野字海老《つのじえび》

腰が曲がった姿を「つの字」と称し、長寿を祝う。黄味寿しを抱かせて子持ちも表現

## 38 海老《えび》、筍《たけのこ》、三つ葉《みつば》翁和え《おきなあえ》

翁の名で呼ばれるおぼろ昆布は長寿の象徴。おめでたいエビ、タケノコと合わせて

## 39 いくら《いくら》、長芋《ながいも》 南天和え《なんてんあえ》

ナガイモは長寿を表わす。イクラを「難を転じる」とされる南天に見立てて

## 40 巣籠り丹頂鶴《すごもりたんちょうづる》

鶴の巣籠りの姿をイメージ。ウズラのゆで卵でできる手軽な一品

## 41 亀甲玉子《きっこうたまご》

カステラ玉子を亀甲形にぬき、焼き印でバリエーションを出す

## 42 亀甲針魚《きっこうざより》

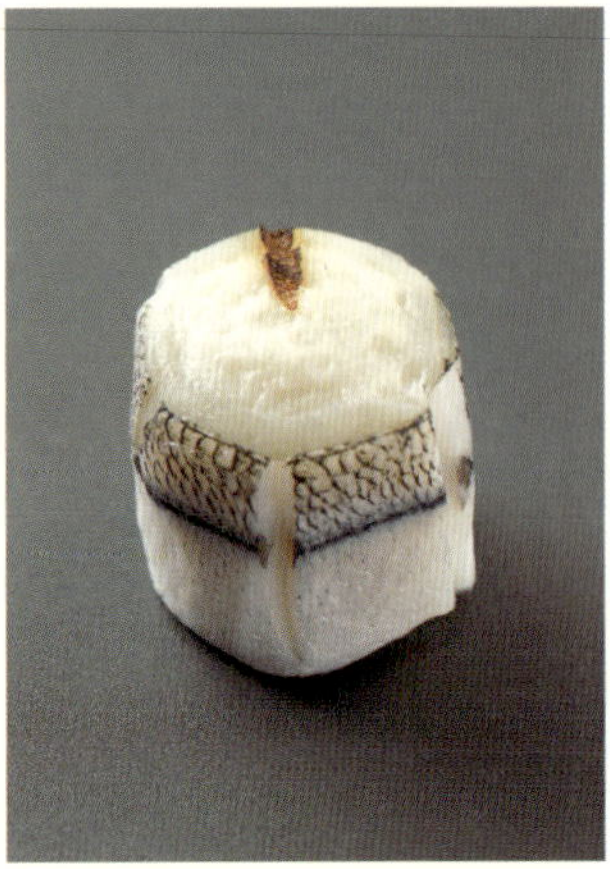

サヨリで生身を巻いて亀甲形に蒸し上げ、さらに焼き印で鶴に見立てて鶴亀を表現

手綱

## 43 お多福豆《おたふくまめ》

福を呼ぶお多福豆をふっくらと炊き
金箔を添えて華やかさをプラス

## 44 青海波《せいがいは》

穏やかに連続する波文様が平穏無事を表
わす青海波。青く染めた生身で海を表現

## 45 鱚手綱焼き《きすたづなやき》

手綱は綱をより合わせたおめでたい形。
縁起のよい魚、キスを手綱に見立てて

## 46 針魚《さより》、海老《えび》、萵苣薹手綱寿し《ちしゃとうたづなずし》

3種の具をより合わせた
華やかで縁起のよい手綱寿し

## 47 有平烏賊《あるへいいか》

うっすらと紅色に染まった表面と
切り口の白さで紅白を表わす

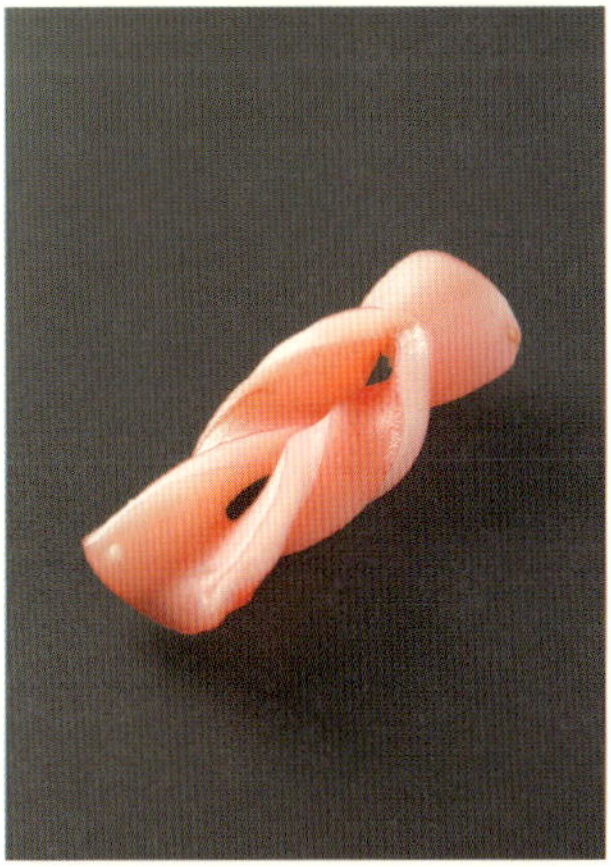

## 48 網代昆布《あじろこぶ》

「よろこぶ」に通じるおめでたい素材、
昆布を網代に編んで油で揚げた一品

## 37 津野字海老

1．車エビは頭と背ワタを取り、つの字になるように串打ちして、薄口八方、砂糖の地で煮る。おか上げにしてエビと地を別々に冷ます。冷めたらエビを地に戻して浸けておき、使う時に殻をむく。
2．エビの曲がった部分の内側に黄味寿しを鋳込み、端を切り整える。
3．天にイクラの塩漬けをのせて盛りつける。

※大量に作る時には、黄味寿しを棒状にまるめ、その上に、エビをまたがせるようにしてすき間なく並べる。これをエビの幅で切り分ける。

## 38 海老、筍、三つ葉翁和え

1．車エビは背ワタを取り、のし串を打って酒塩でゆで、おか上げにして、地と別々に冷ます。冷めたらエビを地に戻して浸けておく。使う時に殻をむき、適宜の大きさに切る。
2．タケノコは糠ゆでし、皮をむいて水洗いし、糠抜きする。さいの目に切り、二番だしでさっと煮た後、濃い目の吸い地で煮含める。
3．軸三つ葉は色よくゆで、水気をきって味塩地に浸ける。適宜に切る。
4．おぼろ昆布を鍋で煎り、カリカリにしてからもみほぐす。
5．エビ、タケノコ、ミツバそれぞれにおぼろ昆布をまぶし付け、重ね盛りにする。

## 39 いくら、長芋 南天和え

1．ナガイモは長いまま薄切りにし、薄いミョウバン水に浸けてアク止めをする。洗って水気をきり、味塩地にさっと通す。
2．引き上げて、細く包丁し、箸で取って、輪を作るようにして盛りつける。
3．天にイクラを盛る。

## 40 巣籠り丹頂鶴

1．ウズラのゆで卵を作る。
2．熱く焼いた金串で、天の部分に1本筋をつけ、鶴のくちばしに見立てる。
3．イクラ（塩漬け）をのせて丹頂鶴を表現する。

## 41 亀甲玉子

1．カステラ玉子の生地を作る（30頁参照）。
2．薄く油をひいた卵焼き鍋に生地を流し入れ、170℃のオーブンで約20分間焼いて、2cmくらいの厚さのカステラ玉子を作る。
3．熱いうちに取り出して冷ます。
4．亀甲型にぬき、1種は亀甲型の焼き印を押す。もう1種は六角形の一角に焼いた金串で筋をつけ、鶴のくちばしに見立てる。

## 42 亀甲針魚

1．サヨリは3枚におろし、薄塩をして15分間くらいおく。
2．昆布だしで固めにのばした生身を短い円柱状にまるめる（サヨリの身が1周するくらいの大きさ）。
3．サヨリの身の皮目に、長さを6等分するように、6箇所切り目を入れる。
4．サヨリを縦に、皮目を下にしておく。身の側に片栗粉で打ち粉をし、生身をおいて、尾側から1周巻く。
5．立てて天地をうす板で押さえ、蒸し器で蒸す。蒸し上がると切り目が角となって、ほぼ六角柱に仕上がる。
6．冷めてから、上面の六角形の1角に焼いた金串で1本筋をつけ、鶴のくちばしに見立てる。

## 43 お多福豆

1．たっぷりの熱湯に乾燥のお多福豆を浸け、一晩おいてもどす。
2．鉄鍋に敷きザルを入れて豆を並べる。豆が踊らないよう、できるだけ隙間をなくして入れる。たっぷりと水を張り、少量の重曹を加えて、柔らかくなるまで半日ほど煮る。鍋止めしてそのまま冷ます。
3．水にさらした後、再度水から煮て、煮立ったら鍋止めしてそのまま冷ます。
4．薄蜜で煮含め、鍋止めしてそのまま一晩おく。
5．翌日、砂糖を足して濃蜜くらいの濃度にし、さらに煮含める。最後に濃口醤油を加えて仕上げる。
6．金箔を添えて盛りつける。

## 44 青海波

1．ゴボウを洗い、糠ゆでする。壁の厚みが均等になるように芯の部分をくりぬいて管牛蒡とする。これを半割りにし、糠抜きした後、濃口八方、砂糖の地で煮含める。
2．生身は昆布だしでのばし、色粉で淡い青色に染めておく。
3．ゴボウの水気をきり、内側に片栗粉で打ち粉をして2．の生身を鋳込む。
4．バットにラップ紙を敷き、3．のゴボウを縦に2本並べる。この山と山の間の溝を生身で埋め、真ん中にゴボウを1本のせて青海波の形に整える。
5. 蒸し器で蒸し、冷めてから適宜の幅に切る。

## 45 鱚手綱焼き

1．キスを3枚におろし、薄塩をあてて15分間くらいおいた後、玉酒で洗う。
2．水気をきり、上の身と下の身を、皮目を外側にして2枚重ねる。この時、上の身の背側と下の身の腹側が合うように向きを互い違いにする。
3．手綱形にねじって串打ちして焼き、途中、腹側の身だけに黄身蝋をぬって焼き上げる。黄身蝋は2～3回に分けてぬる。

## 46 針魚、海老、萵苣薹手綱寿し

1．サヨリは3枚におろし、薄塩をあてて15分間くらいおいた後、酢で3分間ほど締めて皮を引く。
2．車エビはのし串を打って酒塩でゆで、おか上げにして地と別々に冷ます。冷めたら殻をむいて腹開きにし、半身に切り分けて背ワタを取り、冷ました地でよく洗ってから甘酢に浸けておく。
3．チシャトウは皮をむいて短冊形に切り、色よくゆでて、味塩地に浸ける。
4．サヨリ、車エビ、チシャトウを同じ長さに切る。巻き簾にラップ紙を敷いて、3種の具を交互に斜めに並べ、棒状にまるめた黄味寿しをのせて巻く。
5．ラップ紙ごと切り分ける。

## 47 有平烏賊

1．イカの上身は薄皮をむき、酒塩に30分間ほど浸ける。身の厚みは3㎜程度を目安に。
2．紅の色粉を酒塩でのばし、これをイカの表側、裏側全体に刷毛でうっすらとぬる。乾かしてから、再度ぬる。
3．適宜の大きさの長方形に切り（ここでは6×2㎝くらいの大きさ）、中央に切り込みを入れる。片方の端をその切り込みに通して返し、ねじりイカにする。
4．約180℃のオーブンで焦がさないように焼く。

## 48 網代昆布

1．昆布を酒でふき、7.5×9㎝くらいの大きさに切る。両端を残し、中ほどに等間隔に、縦に4本切り込みを入れる（同じ幅の帯が中に5本できる）。これを2枚使う。
2．2枚を重ね、一方の切り込みに、もう一方の帯を通し、反対側に引っ張り出す。すべての帯をこのようにする。
3．ねじりこんにゃくの要領で、くるっと返す。
4．ねじれている部分を手でていねいになおし、形を整える。
5．乾かしてから油で揚げて、上がりに塩をふる。

49 **鳴門昆布《なるとこぶ》**

おめでたい素材、昆布の巻き物。巻き物は宝の一種で、縁起がよいとされる

50 **鳴門のし梅《なるとのしうめ》**

松竹梅の梅と、熨斗《のし》、さらにこれを巻くことでおめでたさを表現

51 **錦玉子《にしきたまご》**

ゆで卵の黄身と白身の巻き物。二色を「錦」と書いて祝儀らしい献立に

52 **蟹砧巻き《かにきぬたまき》**

巻き物でおめでたさを表わす。反物を打つ台「砧（きぬた）」からは裕福さを連想

53 **サーモン砧巻き《サーモンきぬたまき》**

反物につながる「砧（きぬた）」は富の象徴。サーモンとカブで紅白の演出も

54 **サーモン、帆立市松胡瓜巻き《サーモン ほたて いちまつきゅうりまき》**

サーモンとホタテ貝柱は紅白の取り合わせ。松のつく「市松」は縁起のよい言葉

## 55 年輪玉子《ねんりんたまご》

年輪は積み重ねた歴史や、長寿の象徴。薄焼き玉子を何枚も重ねて年輪に見立てる

## 56 木目昆布《もくめこぶ》

縁起のよい昆布を、木目のようにいくえにも重ねて祝意を表わす

## 57 唐墨餅《からすみもち》

子孫繁栄を表わすカラスミで縁起ものの餅を挟んだ一品

## 58 干し柿と百合根の博多《ほしがきとゆりねのはかた》

材料を重ねることを、おめでたが重なることに掛けて、祝意を表わす博多

## 59 蟹博多糸掛け《かにはかたいとがけ》

カニの紅白を重ねたおめでたい博多。上面の糸掛けで変化をつけて

## 60 サーモンと長芋の博多《サーモンとながいものはかた》

サーモンとナガイモの歯ごたえの違いを楽しむ博多。紅白のバリエーション

## 49 鳴門昆布

1．求肥昆布を適宜の大きさの長方形に切る。
2．求肥昆布の上に、昆布だしでのばした生身を薄くのばす。
3．竹串を1本用意し、これを芯にして、昆布と生身を鳴門に巻く。つけ包丁を使って、細かく叩くようにしながらころがし、すき間ができないように巻き込んでいく。
4．巻き終わったら竹串を抜き、巻き簾で軽く巻いて蒸す。
5．冷めてから適宜の幅に切り出す。

※中心が「の」の字になるように仕上げる。前菜等に使用する場合は直径2.5㎝ほどがよい。

## 50 鳴門のし梅

1．ユリネ豆腐を作る。ユリネを塩蒸しして裏ごしする。このユリネ1に対して、吉野葛1、昆布だし5の割合で混ぜ合わせる。弱火にかけ、木杓子で30分間くらい練る。のし梅と同じ厚さにのばし、冷やし固める。
2．巻き簾にのし梅、その上に同じ大きさのユリネ豆腐をのせ、鳴門に巻く。
3．結い草で縛って少しおいてなじませてから、適宜の幅に切り出す。

## 51 錦玉子

1．ゆで卵を白身と黄身に分け、熱いうちに裏ごしして、それぞれ4分の1量の砂糖を加えて混ぜ合わせる。
2．巻き簾の上に和紙を敷き、黄身、白身、黄身と重ねて「の」の字に巻き込む。
3．蒸し器で蒸す。
4．完全に冷めてから切り分ける。

## 52 蟹砧巻き

1．キュウリを桂むきにし、立て塩に浸けてしんなりさせた後、さっと甘酢で洗う。
2．ズワイガニの棒身も甘酢で洗い、赤いほうを内側にして3本合わせる。
3．巻き簾にキュウリを並べ、カニを芯にして巻き込む。巻き簾をはずし、結い草で縛って短時間、甘酢に浸ける。
4．適宜の幅に切る。

## 53 サーモン砧巻き

1．カブを桂むきにし、立て塩に浸けてしんなりさせた後、甘酢に通す。
2．スモークサーモンは四角い棒状に切る。
3．巻き簾にカブを敷き、サーモンを芯にして巻き込む。巻き簾からはずし、結い草で縛って甘酢に浸けておく。
4．使う時に、適宜の幅に切り分ける。

## 54 サーモン、帆立市松胡瓜巻き

1．ホタテ貝柱は算木形に切り、酒塩でゆで、地に浸けたまま冷ます。同じく算木形に切ったスモークサーモンと交互に計4本を組み合わせる。これを、巻き簾に敷いたワカメ（薄い味塩地でさっと煮たもの）で巻く。
2．キュウリを桂むきにし、差し昆布をした味塩地に浸ける。
3．巻き簾にキュウリを敷き、ゼリー液（ふやかしたゼラチンを吸い地で溶いたもの）をひと刷毛ぬって、1．を巻き込む。巻き簾の両端に四角柱に切ったダイコンを差し入れ、結い草で縛ってとめて、きっちり四角く形作る。
4．冷蔵庫でおき、提供時に切り分ける。切り口にレモン汁をひと刷毛ぬる。

## 55 年輪玉子

1．玉子カステラの生地を作る（30頁参照）。
2．薄焼き玉子の要領で、クレープ状の玉子焼きを7枚前後焼く。片面にしっかり焼き色をつけるように焼く。
3．太めの丸箸に玉子焼きを1枚巻きつける。その上に1．の生地を刷毛でぬり、さらに玉子焼きを1枚巻きつける。これを7回前後繰り返し、バウムクーヘンのような形状にする。
4．蒸し器で蒸して、火を通して仕上げる。
5．冷めてから、末広形に切り分ける。

## 56 木目昆布

1．求肥昆布を適宜の大きさに切って、平らな板の上におく。
2．その上に、昆布だしでのばした生身を、つけ包丁で薄くのばす。さらに求肥昆布を重ね、生身をのばす。均等な間隔になるようにこれを繰り返し、適宜の高さになったところで（9～11枚くらいを目安に）、押し枠に入れ、軽く押さえて形を整える。
3．蒸し器で蒸す。蒸し上がったら重しをしてしばらくおき、冷めてから、適宜の大きさに切り出す。

## 57 唐墨餅

1．カラスミは薄皮をむいて、スライスし、軽くあぶる。
2．餅を薄くスライスして軽く蒸す。
3．カラスミで餅を挟み、できたてを提供する。

## 58 干し柿と百合根の博多

1．干し柿は水に短時間浸けて柔らかくもどし、開いて種を取り除く。ラップ紙で包み、重しをかけてしばらくおき、平らに整える。
2．ユリネ羹を作る。ユリネは塩蒸しして裏ごしし、半量の寒天液を混ぜ合わせる。これをバットに流し、3㎜くらいの厚みの板状（押し枠の大きさ）に固める。
3．押し枠に干し柿を入れ、ユリネ羹、干し柿と交互に重ね、最後に干し柿を入れて7層にする。
4．冷やし固め、提供時に切り分ける。

※寒天液は、水1.8リットルに、水でふやかした棒寒天2本、同じく板ゼラチン1枚、砂糖300ｇを煮溶かす。

## 59 蟹博多糸がけ

1．ズワイガニの棒身を、赤い面を上にして押し枠の中に並べる。その上に昆布だしでのばした生身を薄くぬり重ね、さらにカニの棒身を並べる。これを繰り返し、カニの棒身を3段重ねにする。
2．蒸し器で蒸し、取り出して冷ます。
3．絞り袋に生身を入れ、2．の上面に斜めに搾り出して糸掛けとする。
4．再度、蒸し器でさっと蒸す（上面だけさっと焼いてもよい）。
5．冷めてから切り分ける。

## 60 サーモンと長芋の博多

1．スモークサーモンを約3㎜の厚みに切る。ナガイモは約5㎜の厚みに切り、差し昆布をした味塩地に浸ける。
2．押し枠にサーモンを敷き入れ、上面にゼラチン液をぬる。その上に、ぬめりをふき取ったナガイモを重ねる。
3．次に下面にゼラチン液をぬったサーモンを重ね、上面にゼラチン液をぬる。その上に、ぬめりをふき取ったナガイモを重ねる。最後に下面にゼラチン液をぬったサーモンを重ねる。
4．冷蔵庫で少しおいて固め、なじませてから切り分ける。

※ゼラチン液は、水でふやかした板ゼラチンを吸い地で煮溶かし、塩と薄口醤油で味をととのえたもの。

## 末広

### 61 末広カステラ玉子《すえひろカステラたまご》

カステラ玉子のバリエーション。1本筋を入れることで鉄扇を表現

### 62 末広海老《すえひろえび》

生身にエビをのせて蒸し、末広形にして鉄扇に見立てた蒲鉾。紅白の演出にも

### 63 鉄扇のし鶏《てっせんのしどり》

鶏挽き肉の生地を焼いて扇形に。寂しさを感じる「松風」の名は避け「のし鶏」とする

## 熨斗・結び

### 64 夫婦海老熨斗包み《みょうとえびのしづつみ》

熨斗に見立てた錦糸玉子でエビを包み祝意を盛り上げる存在感のある一品

### 65 淡路牛蒡《あわじごぼう》

ゴボウを淡路結びにし、胡麻酢に漬けたもの。水引をかける感覚で祝肴に添える

### 66 結び蛤《むすびはまぐり》

小さな手鞠寿しを2個、夫婦円満を表わすハマグリに詰めた一品。紅白の帯で祝意を

## 61 末広カステラ玉子

1．カステラ玉子の生地を作る（30頁参照）。
2．薄く油をひいた卵焼き鍋に生地を流し入れ、2cmくらいの厚みのカステラ玉子を焼く（170℃のオーブンで20分間くらいを目安に）。
3．熱いうちに取り出し、冷めてから末広形に切り出す。
4．熱く焼いた金串で、真ん中に1本筋を入れ、鉄扇に見立てる。

## 62 末広海老

1．車エビは酒塩でゆで、おか上げにして、地と別々に冷ます。冷めたら殻をむき、腹開きにして背ワタを取り、こした地に浸けておく。
2．生身に隠し味程度の煮きり酒、煮きりミリンを加え、塩味をととのえる。1.5cmくらいの厚さにのばして蒸す。
3．火が通ったら、表面に2mmくらいの厚さに生身をぬり、エビ（裏側に片栗粉で打ち粉）をすき間なく並べる。
4．再度さっと蒸し、ぬれ布巾をかぶせて重しをし、しばらくなじませる。
5．冷めてからエビの形に合わせて末広形に包丁し、鉄扇串を差す。

## 63 鉄扇のし鶏

1．鶏挽き肉に1割程度の鴨の挽き肉を混ぜ、砂糖、薄口醤油、濃口醤油、酒、ミリン、全体の1割程度の卵のから蒸し（具の入っていない茶碗蒸し）を加え、フードプロセッサーにかけてペースト状にする。
2．薄く油をひいた卵焼き鍋に流し、表面をならして、170～180℃のオーブンで18～20分間焼く。
3．黄身蝋に、もどして細かくきざんだキクラゲ、赤ピーマンを合わせる。
4．2．に火が通ったら、表面に3．の黄身蝋をぬり、上火でさっと焼き上げる。
5．冷めてから末広形に切り、鉄扇串を差す。

## 64 夫婦海老熨斗包み

1．錦糸玉子を焼く。卵液は、卵に少量の水溶き片栗粉を混ぜ合わせ、砂糖、塩で味をつけたもの。通常より少し厚めに焼く。
2．車エビは背ワタを取り、のし串を打って、だし、酒、少量のミリン、薄口醤油に薄切りのショウガを加えた地で甘煮にする。おか上げにして、地と別々に冷まし、冷めたら地に浸けておく。使う時に、頭と尾は残し、胴の部分の殻だけをむく
3．錦糸玉子を正方形に切り整え、角を上にしておく。その上にエビを2本、背を上にして並べ、両側から錦糸玉子で包み、端を三角に折り返す。ゆでた三つ葉をこま結びにしてとめる。

## 65 淡路牛蒡

1．ゴボウは洗って、30～40cmくらいの長さ、2～3mm角のひも状に切る。
2．シャリッとした食感が残る程度に酢水でゆでる。
3．3本を1組として、淡路結びにし（102・104頁参照）、先端を斜めに切り整える。
4．胡麻酢を作る。白の煎りゴマをすり鉢ですり、これを隠し味程度に甘酢に加えてこす。
5．淡路牛蒡を胡麻酢に浸ける。

## 66 結び蛤

1．ハマグリは殻を開いて身を取り出し、掃除して、酒塩でさっとゆでる。2枚におろしてワタを取り除き、薄口八方に砂糖を加えた地で炊く。
2．貝殻はきれいに洗って、塩ゆでし、蝶つがいの突起を切り落とす。
3．ラップ紙の上にハマグリの身をおき、まるめたすし飯をのせて茶巾絞りにし、小さな手鞠寿しを作る。
4．殻の中に手鞠寿しを2個入れ、殻をかぶせてぴったり合わせ、紅白の帯状の和紙でとめる。和紙は右に赤がくるように使う。

# 祝肴はおめでた尽くし

## ●祝肴とは

祝肴は、おめでたい口取肴をとりどりに盛り合わせたもので、祝儀の献立の中でも、最大限に祝賀の趣向を凝らすことができる一品である。もともとは、儀式用の酒肴から発し、その後、嶋台という白木の台に、松竹梅、高砂、蓬莱山といった箱庭のような装飾を施し、そこに少量の口取肴を添えて床の間に飾るようになったもの。さらにこれが、口取肴をメインにした形へと変化し、食べる料理へと発展した。甘いものを主として、塩からいもの、醤油味のものなどが盛り込まれ、宴席の中で床の間からおろして参会客に取り分けられたが、その場では食べずに、折詰などにしてお土産として持ち帰るのが習わしであった。そのため、いずれも味つけは濃いめで、火入れもしっかりと行ない、日持ちするように作られたものが中心となった。

現代では、手間ひまのかかる口取肴を何品も盛り合わせた祝肴が出されることは少なくなったが、5品でも、3品でも、献立の中に取り入れることで、お祝らしい雰囲気を盛り上げることができる。

## ●おめでたさを随所に表現

祝肴の魅力は、バラエティに富んだ料理の組み合わせと、そこに込められたおめでたいストーリー（縁起）である。山海のさまざまな食材を使い、これを慶びの形にして、味つけにも違いを出し、変化をつけて仕上げることが大切である。たとえば、海老、鱚、豆、卵、山芋などの素材を、巻いたり、結んだり、重ねたり、包丁したりして形を作り、含め煮にする、和える、焼くといったように工夫をこらし、同じような色や形、味が重ならないように配慮する。さらに、長寿を象徴する、夫婦円満を表わす、子孫繁栄を祝う、出世・栄達を願うなど、それぞれのいわれに託して、祝いの気持ちを随所に込める。

祝肴は素材から調理法、形、盛りつけ、料理名にいたるまで、おめでた尽くしに仕上げたい。また、盛り込む種類、数（人数）はともに奇数が原則とされている。

なお、これらの祝肴は、現代においてはその場で食べることがほとんどだが、手数《てかず》をかけるものが多く、大量の場合はとくに、早くから仕込みが必要なものも多いため、昔ほどではないにせよ、味つけは濃いめに、火入れはしっかりとすることが基本である。

不祝儀では、たとえ色使いを抑え、黒や茶の料理を集めたとしても、このような口取肴を盛り込みで出すことはタブー。祝儀の席では「分かち合う」ことがよしとされるが、不祝儀の席においては「分かち合う」ことは避けるべきこととされるからである。

# 第Ⅱ章

# 祝儀・不祝儀の
# 演出と仕来り

# 祝いの装い むきもの いろいろ

むきものとは、野菜に細工や彫刻などを施して、花鳥風月や事物を表わす飾り切りのこと。料理に趣向を添える手段として、とくに祝儀の席では威力を発揮する。素材そのものだけでなく、そこに祝意を込めたむきものが加わることで、料理の付加価値も高まる。祝儀にふさわしいむきものの中から、使いやすく、手軽にできるものを紹介する。

（解説65頁〜）

## 紅白

### 1 けん

〔用途〕刺身の敷きづま。

大根・人参

### 2 より

〔用途〕刺身の上づまや、酢の物のあしらいなど。

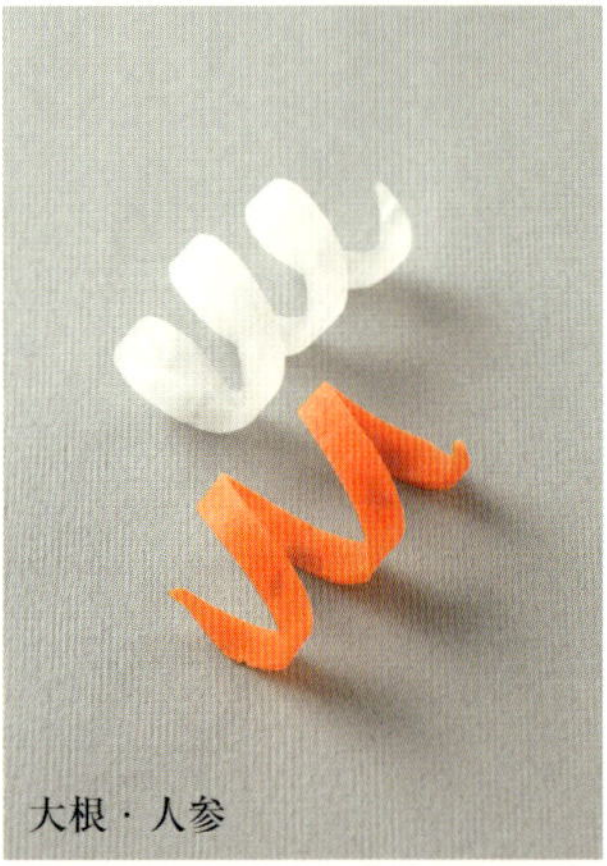

大根・人参

### 3 さざ波《さざなみ》

〔用途〕刺身の上づまや、酢の物のあしらいなど。

大根・人参

結び

## 4 より重ね《よりがさね》

〔用途〕刺身の上づまや、酢の物のあしらいなど。

## 5 手綱《たづな》

〔用途〕甘酢浸けにして、酢の物や焼物のあしらいなど。

## 6 小結び《こむすび》

〔用途〕ゆでて椀物のあしらい。甘酢浸けにして酢の物や焼物のあしらいなど。

## 7 こま結び《こまむすび》

〔用途〕ゆでて椀物のあしらい。煮物。甘酢浸けにして酢の物や焼物のあしらいなど。

## 8 千代重ね結び《ちよがさねむすび》

〔用途〕ゆでて椀物のあしらい。甘酢浸けにして酢の物や焼物のあしらいなど。

## 9 相生結び《あいおいむすび》

〔用途〕ゆでて椀物のあしらい。甘酢浸けにして酢の物や焼物のあしらいなど。

## 結び

### 10 淡路結び《あわじむすび》

〔用途〕ゆでて椀物のあしらい。煮物。甘酢浸けにして口取りや酢の物など。

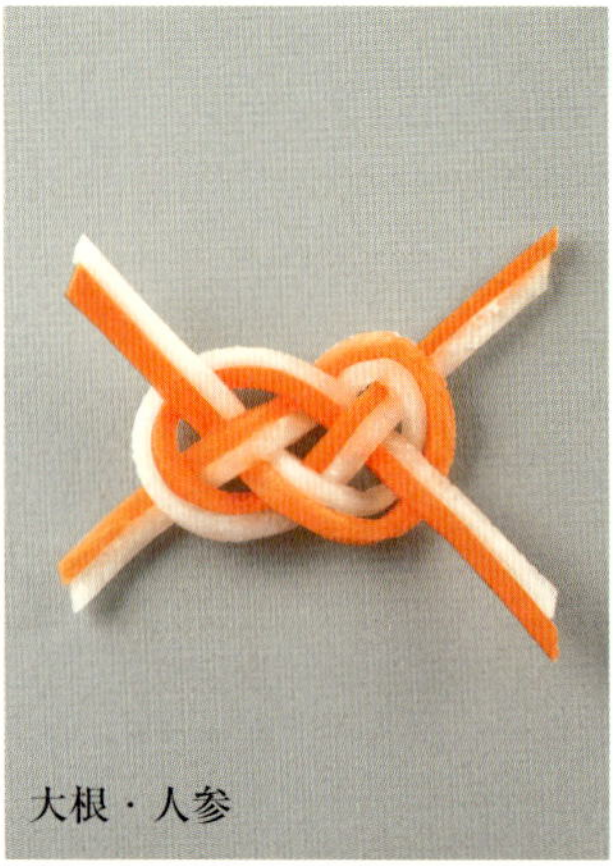


### 11 淡路結び《あわじむすび》

〔用途〕胡麻酢浸けにして口取りや酢の物など。煮物。

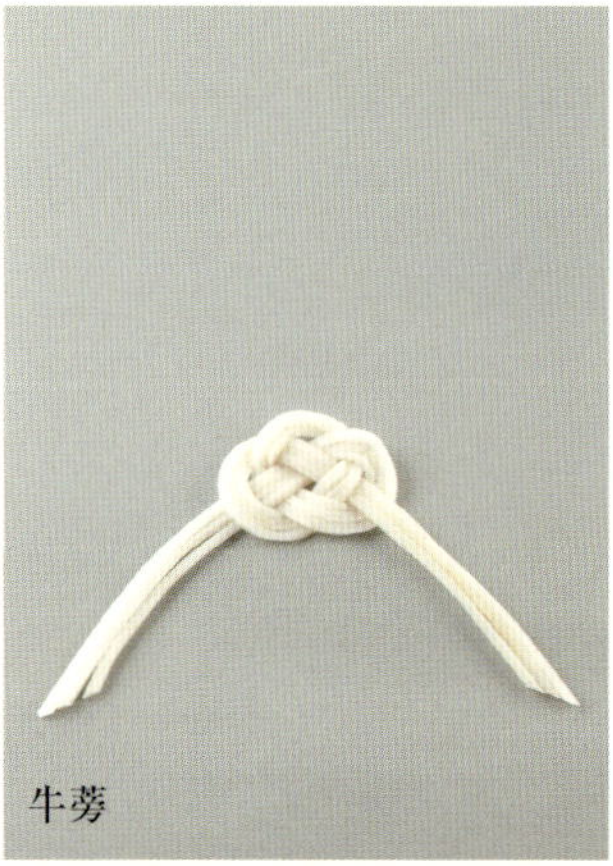


### 12 結び文《むすびぶみ》

〔用途〕煮物。

## 熨斗

### 13 束ね熨斗《たばねのし》

〔用途〕薄く切って刺身の上づま。ゆでて椀物のあしらい。煮物。（長芋でもよい）

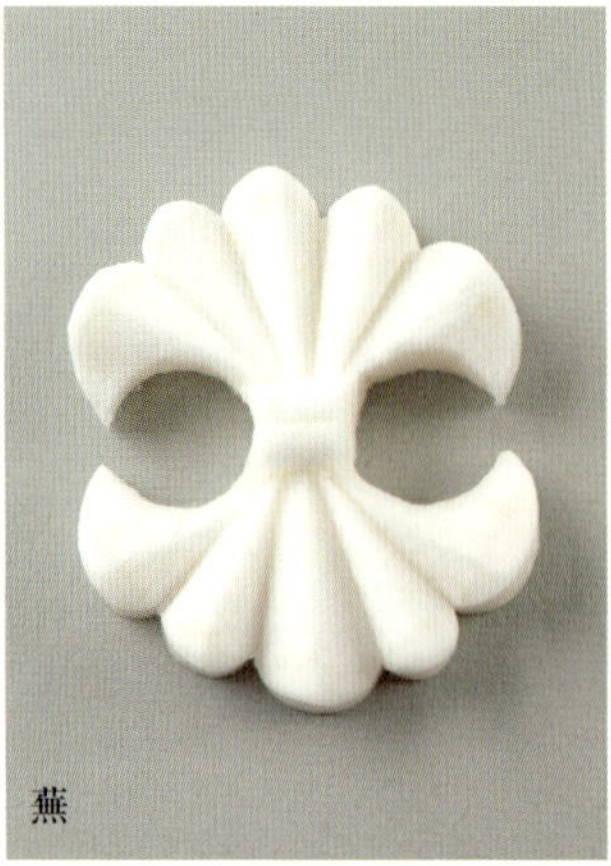


### 14 桂熨斗《かつらのし》

〔用途〕刺身のあしらい。

### 15 波熨斗《なみのし》

〔用途〕刺身のあしらい。

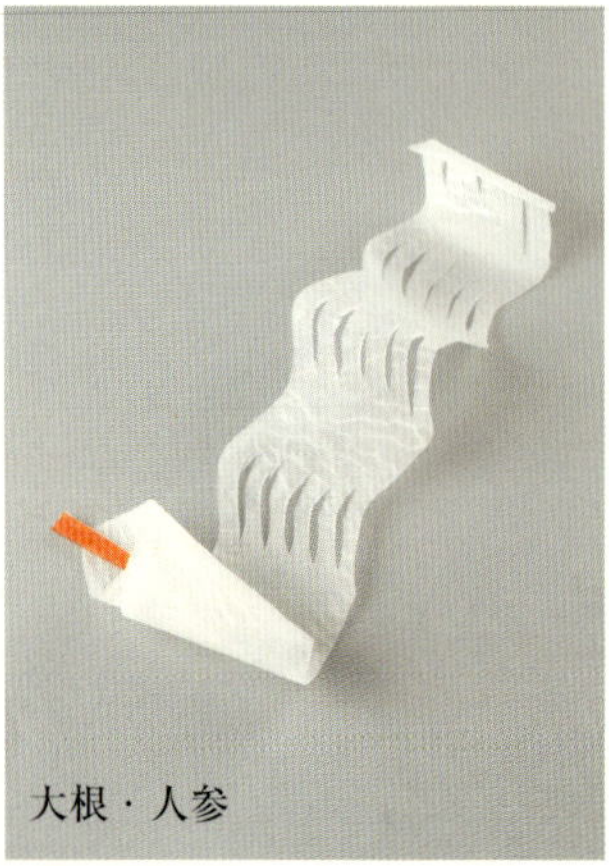

## 16 水玉熨斗《みずたまのし》

〔用途〕刺身のあしらい。

大根・人参

## 17 熨斗《のし》

〔用途〕ゆでて椀物のあしらい。煮物。甘酢浸けにして酢の物や焼物のあしらいなど。

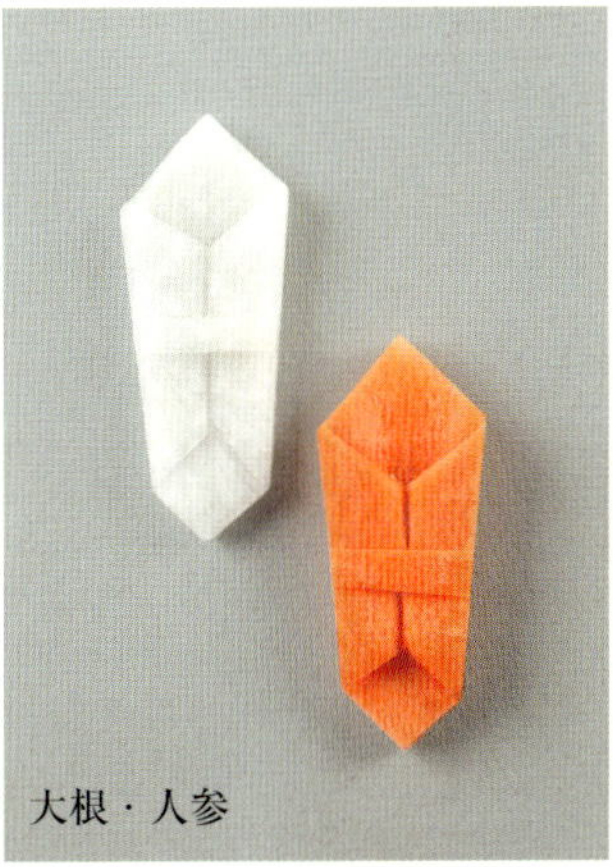
大根・人参

## 18 熨斗《のし》

〔用途〕ゆでて椀物のあしらい。煮物。甘酢浸けにして酢の物や焼物のあしらいなど。

大根・人参

## 19 舞鶴《まいづる》

〔用途〕酢の物。

胡瓜

## 20 鶴の子《つるのこ》

〔用途〕煮物。（里芋でもよい）

海老芋

## 21 舞鶴《まいづる》

〔用途〕煮物。薄く切って雑煮など。

里芋

22

## 飛鶴《とびづる》

〔用途〕煮物。薄く切って甘酢浸けにし、焼き物のあしらいなど。

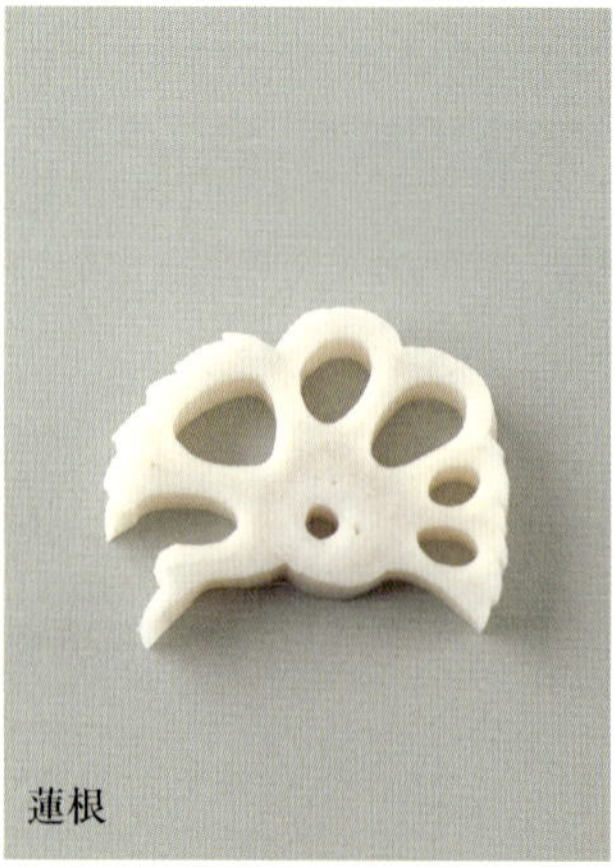

蓮根

23

## 日の出鶴《ひのでづる》

〔用途〕椀物。煮物。

大根・人参

24

## 亀甲《きっこう》

〔用途〕煮物。椀物。

筍

25

## 亀甲《きっこう》

〔用途〕煮物。椀物。

椎茸

26

## 亀甲鶴《きっこうづる》

〔用途〕煮物。

里芋

27

## 蓑亀《みのがめ》

〔用途〕煮物。甘煮にして口取りなど。

人参

## 28 鶴亀《つるかめ》

〔用途〕刺身のあしらい。

大根・人参

## 29 三蓋松《さんがいまつ》

〔用途〕煮物。薄く切って雑煮など。（里芋、海老芋でもよい）

大根

## 30 組松葉《くみまつば》

〔用途〕刺身の上づま。酢の物のあしらい。

胡瓜

## 31 松が枝《まつがえ》

〔用途〕煮物。

南瓜

## 32 松笠《まつかさ》

〔用途〕煮物。含め煮にして口取りなど。

里芋

## 33 夫婦竹《みょうとだけ》

〔用途〕煮物。

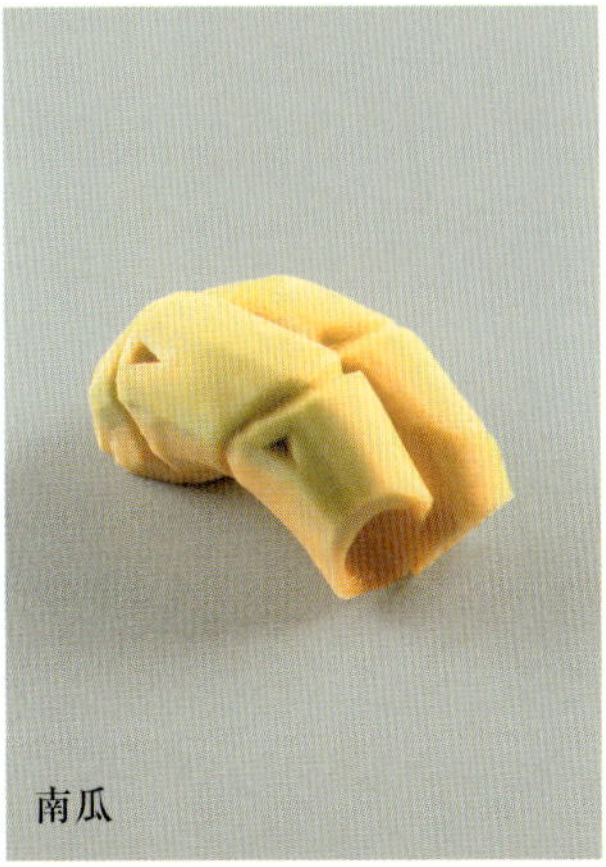

南瓜

## 松・竹

### 34 竹の輪《たけのわ》

〔用途〕煮物。

## 梅

### 35 二輪梅《にりんうめ》

〔用途〕刺身の上づま。酢の物のあしらい。さっと蒸して椀物など。

### 36 梅鉢釜《うめばちがま》

〔用途〕酢の物などを盛る器として。詰め物をして煮物など。

### 37 梅鉢《うめばち》

〔用途〕煮物。薄く切ってゆで、椀物など。

### 38 横梅《よこうめ》

〔用途〕煮物。薄く切ってゆで、椀物など。

### 39 福良梅《ふくらうめ》

〔用途〕煮物。薄く切ってゆで、椀物など。

## 末広・扇

40
### 福良梅《ふくらうめ》
〔用途〕煮物。

41
### 末広《すえひろ》
〔用途〕刺身、酢の物のあしらいなど。

42
### 扇面《せんめん》
〔用途〕刺身、酢の物のあしらいなど。

43
### 鉄扇《てっせん》
〔用途〕煮物。

44
### 鉄扇《てっせん》
〔用途〕煮物。

45
### 扇面《せんめん》
〔用途〕煮物。（里芋、海老芋でもよい）

宝

## 46 分銅《ふんどう》

〔用途〕煮物。椀物。（大根、里芋、海老芋でもよい）

蕪

## 47 小槌《こづち》

〔用途〕煮物。薄く切ってゆで、椀物など。

人参

## 48 鈴《すず》

〔用途〕刺身、酢の物のあしらい。

二十日大根

その他

## 49 俵《たわら》

〔用途〕煮物。（海老芋でもよい）

里芋

## 50 雄蝶《おちょう》

〔用途〕煮物。

海老芋

## 51 雌蝶《めちょう》

〔用途〕煮物。

海老芋

# 祝いの装い むきもの いろいろ 解説

**【用語】**

**木取る**／材料を切り落として、基本となる形を作ること。

**丸のみ**／刃が半円形の彫刻刃のような「のみ」。丸い穴をあける時に回転させて使う。不用の部分を彫り取る時にも使う。

**三角のみ**／刃がV字形の彫刻刃のような「のみ」。鋭角な筋目をつけたり、溝を彫ったりする時に使う。

**切り出し**／刃がまっすぐで、斜めにとがった彫刻刃のような道具。削ったり、えぐったり、細かく形をつけるために用いる。丸のみや、三角のみを使ったあとの仕上げにも用いる。

**手綱ぬき**／棒の先端に2つの輪状の刃がついた道具。この棒の手元に、羽といわれる止め板をつけて材料に差し、ねじりながら押し込む。羽を取って、反対側から棒を引き抜くと、2本の手綱がらせん状により合わさった状態でとれる。

**包丁**／基本的にむきもの包丁。小型で峰が薄い片刃包丁で、先端がとがっている。

## 1 けん

①ダイコンを薄い桂むきにする。
②適宜の長さに切り（けんの長さになる）、繊維を横にして数枚を重ね、細いせん切りにする。
③水に放ち、15分くらいおいてパリッとさせる。
④水気をきり、同様にして作ったニンジンのけんを数本混ぜ合わせて、ふわっと盛りつける。

## 2 より

①ダイコンとニンジンを10㎝くらいの長さにし、やや厚めの桂むきにする。用途によって、2㎜～1㎝くらいの幅に、斜めに切る（写真は約3㎜）。
②水に放ってさっと洗う。
③箸などにらせん状に巻きつけて、よる。

## 3 さざ波

①ダイコンとニンジンを10㎝くらいの長さにし、やや厚めの桂むきにする。
②それぞれ1㎝くらいの幅に、斜めに切る。
③両端を残し、中ほどに数本切り目を入れる（写真は4本切り目を入れている）。切り目の数で表情が変わる。
④水に放ってさっと洗う。
⑤箸などにらせん状に巻きつけて、よる。

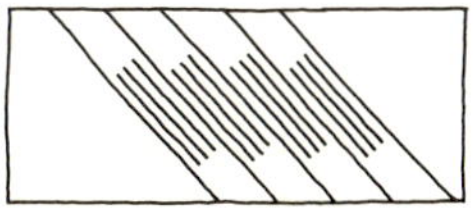

## 4 より重ね

①ダイコンとニンジンを桂むきにし、同じ幅のよりダイコン、よりニンジンを用意する（上記2参照）。
②1枚ずつ重ね、最後にもう一度、重ねた状態で箸などにらせん状に巻きつける。

## 5 手綱

①ダイコンとニンジンに手綱ぬきを回し入れる。
②周囲を手で割って（または包丁で切って）、中にできた手綱を取り出す。
③2本ずつとれた手綱をいったんほどき、1本ずつより合わせて紅白の手綱にする。

## 6 小結び

①ひも状に切ったダイコンとニンジンを立て塩に浸け、しんなりさせる。
②これをそれぞれ片わな結びにする。

## 7 こま結び

①ひも状に切ったダイコンとニンジンを立て塩に浸け、しんなりさせる。
②ダイコンとニンジンを1本ずつ合わせ、1回結ぶ。盛りつける時は、右上にニンジンの紅が出るように。

## 8 千代重ね結び

①1～1・5㎝幅の帯状に切ったダイコンとニンジンを立て塩に浸け、しんなりさせる。
②ダイコンを上にしてニンジンと重ね、1回結ぶ。盛りつける時は、右にニンジンの紅が出るように。

## 9 相生結び

①ひも状に切ったダイコンとニンジンを立て塩に浸け、しんなりさせる。
②ダイコンとニンジンでそれぞれ輪を作り、左手でダイコン、右手でニンジンを持つ。右のニンジンの輪を左のダイコンの先端側に掛ける。ニンジンの先端をダイコンの輪に上から通し、両方から引っ張る。

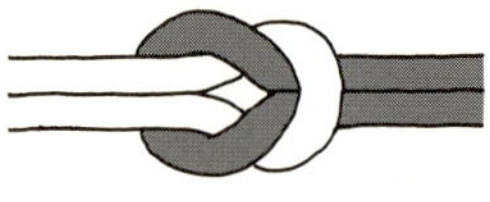

## 10 淡路結び

①ひも状に切ったダイコンとニンジンを立て塩に浸け、しんなりさせる。
②ダイコンとニンジンを1本ずつ合わせたものを2本用意し、淡路結びにする（102・104頁参照）。
③先端を切り整える。

## 11 淡路結び

①ひも状に切ったゴボウを酢水でゆでる。
②3本を1組として、淡路結びにし、先端を切り整える。（102・104頁参照）。盛りつける時には天地を逆にしておく（跳ね上げの部分が垂れてしまうので）。

## 12 結び文

①サトイモを長さ6㎝、幅4㎝、厚み1㎝くらいの直方体に木取る。
②図のように、おおよそのあたりをつける。作り方は仕上げる形（角度や幅）によってさまざま。以下は一例。
③まず、四角形の上辺の1/2の点と、左辺、右辺それぞれの下から1/3の点を結んで山形を作る。山形の左右の上辺と、それぞれ平行に仮の下辺をひく（上辺にあたるまで）。左の上辺の1/2と、仮の下辺の1/2の点を結ぶ。この終点と、右の仮の下辺の3/5の点を結ぶ。山形の頂点からこの終点までを結ぶ。ここから下の右の下辺を生かす。真ん中にできた四角形にかかっていない左の下辺を生かす。
④結び文の形の外側を切り取る。
⑤真ん中の四角形をいちばん高く、その右の三角形と、四角形の左側の部分を1段低く、右側の部分を2段低くするように水平に切り目を入れて削り取る。
⑥両端を切り整える。

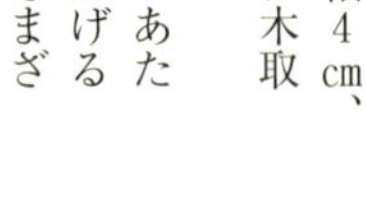

## 13 束ね熨斗

①カブを丸く木取り、1～2㎝の厚さに切る。丸いぬき型で左右の両端をぬく（46の分銅はここまで）。両端のつながっている部分を切り取って、上下の間をあける（7㎜程度を目安に）。
②カブの上下の円周を、左右対称にバランスよく5つに分ける

ように、4箇所切り込みを入れる。
③それぞれの切り込みに向かって左右から丸くむく。
④三角のみで表面に横に溝を彫り込む（束ねた部分に横に1本、②の切り込みから中心に向かって計8本）。
⑤溝の両サイドをなめらかにむき整える。

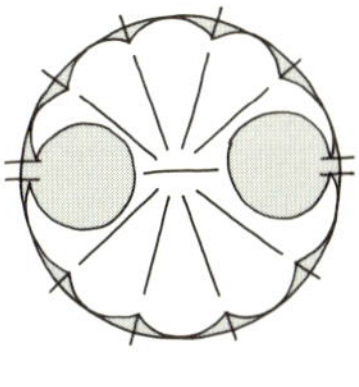

## 14 桂熨斗

①ダイコンをやや厚めの桂むきにし、約30㎝くらいをとって、ゆるめに巻き戻す。
②9㎝くらいの幅になるように、天地を斜めに、平行に切り落とす。これを開くと、水の流れを表わした形になる（15の図参照）。
③谷の位置でひと山ずつに切り分け、熨斗形《のしがた》に巻いてしばらくおき、形を安定させる。
④熨斗鮑に見立てたニンジンの薄切りを差し込む。

## 15 波熨斗

①14の桂熨斗の①、②と同様に作業をすすめる。
②開いたダイコンを左端からひと巻きする（この形が水熨斗）。
③巻いていない部分の頂点と頂点の間に、山形の切り込みを数本ずつ入れる。
④巻いていない部分だけ数十秒間、水にさらし、うねりを出して使う。

※波熨斗、水熨斗は立てて使って、手前に刺身を盛ってもよいし、敷きづまとして器に敷き、上に刺身を盛りつけてもよい。

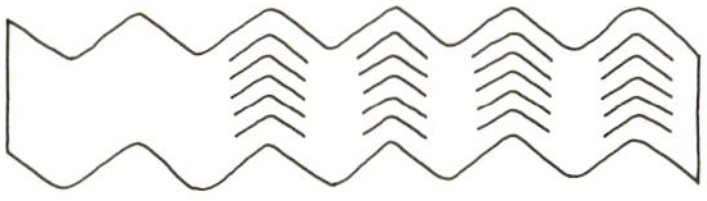

## 16 水玉熨斗

①ダイコンをやや厚めの桂むきにし、約30㎝くらいをとる。
②左端からひと巻きして、水熨斗形を作る（15の①②参照）。
③ひと巻きした部分の手前まで、右端から巻く。
④この巻いた部分に細い切り目を入れ、ひも状に切り離す。それぞれ適宜のところまで広げて、水玉に見立てる。

## 17 熨斗

①ニンジンを3～5㎝の長さに切り、縦に半割りにし、これと平行に皮目を切り落とす。断面を下にして縦におき、上広がりの台形になるように両サイドを切り落とす。ダイコンも同様の形に切り出す。以下、ニンジン、ダイコンともに作り方は同じ。
②台形を縦に2等分するラインを浅く切り込む。これが縦の基準線となる。
③台形の上下がそれぞれ三角にとがるように、上辺、下辺の真ん中から左右に斜めに切り落とす。この三角形と同じ三角形をそれぞれ内側にも作り、合わせてひし形になるように切り込みを入れる。
④上下の頂点から、1㎜くらいの厚さに水平に包丁を入れ、ひし形部分を一段低くする。
⑤天地中央に幅2～3㎜の幅の帯を作るように切り込みを入れる。
⑥切り込みの両側から斜めに包丁を入れて切り取り、帯の部分を立体的に見せる。
⑦縦の基準線上に溝を作る。
⑧熨斗鮑に見立ててユズなどを添える時には、上のひし形の部分から帯に向かって、包丁の切っ先を深く差し入れて削り取り、その部分に差し込むとよい。

## 18 熨斗

①17の①～⑥と同様に作る。
②上下のひし形の右側の辺の延長線上に、帯の左端中央に向かって切り込みを入れ、片開きの熨斗の形を作る。その上下を薄く削り取って三角形を浮き立た

せる。

③仕上げは17の⑧と同様。

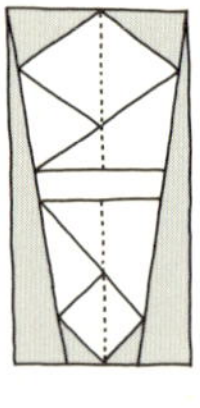

## 19 舞鶴

①蛇腹キュウリの要領で、キュウリの端から細かく切り目を入れる。ただし、切り目はまっすぐに、片側からのみ。2㎝くらいの長さで切り離す。

②縦に半割りにするように、①の切り目に対して垂直に、上から2/3くらいまで切り目を入れる。

③立て塩に浸けてしんなりさせ、水気をふき取る。

④②の切り目から、1枚ずつずらしながら前後に広げ、舞鶴の羽根に見立てる。

## 20 鶴の子

①エビイモを卵形にむく。

②鶴の首を作る。三角のみで、鶴のくちばしを描くように、上面に2本、溝を彫る。

③この溝の外側を包丁の刃元でV字形に削り、鶴首を浮き立たせる。

④くちばしと頭の境目に、深さ2㎜の切り目を入れる。

⑤くちばし側から④の切り目に向かって上りの傾斜をつけてむき取る。

⑥切り出しで、頭の後ろ側を削り、形を整える。

## 21 舞鶴

①サトイモを適宜の厚さの半円形に木取る。

②円の中心から5㎜くらい左、1㎝ほど内側に、丸のみで穴をあける。これが首のくびれの部分になる。

③②の穴の右側の直径に1箇所（1/2くらいの位置に）切り込みを入れ、ゆるやかなカーブをつけてむく。

④直径の左端から②の穴に向かって斜めに包丁を入れ、③のラインとつなげる。これがくちばしの下のラインになる。目の位置に点を入れる。

⑤円周にギザギザの切り込みを入れて羽根に見立てる。

## 22 飛鶴

①レンコンを適宜の厚さの輪切りにする。

②穴の配置のよい部分を選び、まず首の位置を決めて形よくむき、続いて首の右側の下のラインを完成させる。

③半円の中央部は穴に沿ってゆるやかなカーブをつけてむき、両脇はギザギザの切り込みを入れて羽根に見立てる。

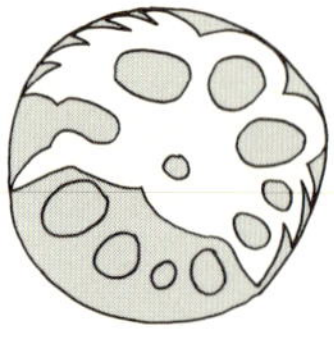

## 23 日の出鶴

①ダイコンで舞鶴を作る。作り方は21のサトイモの舞鶴と同様。羽根の形などは好みで変化をつけるとよい。また、ここでは丸のみで穴をあけずに、筋をつけるだけにしている。

②輪切りにしたニンジンに重ねておき、日の出鶴に見立てる。

## 24 亀甲

①糠ゆで、糠抜きしたタケノコを六角形に木取る（やや縦長にするとより亀の雰囲気が出る）。厚みは2㎝くらい。

②上面の六角形の各辺の真ん中に、熱く焼いた金串で2本ずつ焼き目を入れ、亀甲文様を作る。

## 25 亀甲

①シイタケの軸を取り、傘が六角形になるよう周囲を切り落とす（やや縦長にするとより亀の雰囲気が出る）。

②傘の内側に六角形の溝を作る。溝はV字に包丁を入れて間を切り取る。

## 26 亀甲鶴

①サトイモを六角形に木取る

（やや縦長にするとより亀の雰囲気が出る）。厚みは2～3㎝。
②上面の六角形の内側に、三角のみで六角形の溝を彫る。
③上面の六角形の各辺の真ん中に、三角のみで2本ずつ溝を入れ、亀甲文様を作る。
④上面の各辺を面取りする。ここで下ゆでをする。
⑤上面の六角形の溝の一つの角に、熱く焼いた金串で1本焼き目を入れ、鶴のくちばちに見立てる。

## 27 蓑亀

①ニンジンを4～6㎝ほどの長さに切り、縦半分に切る。断面を下にして、両端（亀の側面）を切り落とす。亀の右側の縦の長さの、下から1/3くらいの位置から、蓑になる部分を作るように、斜めに切り落とす。
②頭と前足を作る。甲羅と頭の境目の位置に、ぐるっと包丁を入れて溝を彫る（下にいくほど中央寄りになるように斜めに彫り入れる）。
③頭側の断面を3等分し、中央に丸い頭を作り、左右はややとがった形にする。側面から見た時に、頭、前足ともに上向きになるように、上下を削り取る。
④甲羅（上面から側面にかけての部分）に六角形の文様を彫り入れる。
⑤蓑の部分（縦の長さの下側2/3）に細かく包丁を入れ、指でカーブさせて蓑の形を整える。

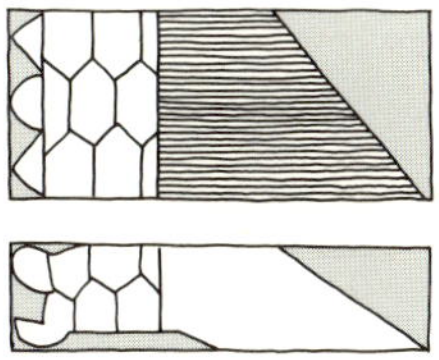

## 28 鶴亀

【鶴＝ダイコン】
①約15㎝の長さに切ったダイコンを薄く桂むきにし、きつく巻き戻す。
②縦半分に、芯の部分まで包丁を入れて開く。芯と中心部分を適量取り出し、横半分に切る。
③片側が鋭角になった不定形の四角形に切る。
④トランプを扱うように、1枚ずつずらしながら、両側から内側に折り曲げてカーブをつける。鋭角のほうを頭、鈍角のほうを尾とし、梅肉で点を描いて鶴に見立てる。

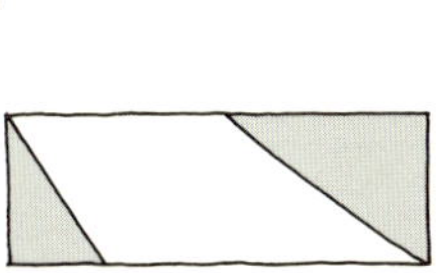

【亀＝ニンジン】
①ニンジンを桂むきにし、直径4㎝くらいにきつく巻き戻す。
②縦に半分に切る。それぞれ、芯と中心部分を適量取り出し、天地を切り落として6㎝くらいの幅にする。
③外側を上にしておき、縦長の六角形に切る（片側の短辺はやや鋭角にして、尾に見立てる）。
④縦の両側の長辺を、内カーブをつけるように切り整える。片側の短辺（2本）も、内カーブをつけるように切り整えて、亀の首の付け根をイメージする。
⑤頭側と尾側、それぞれ、先端から5㎜くらいのところに包丁を入れ、上から3枚だけ三角形に切り取る。
⑥下から3～5枚取って返し（ここに刺身などを盛り込んでもよい）、残りは上からかぶせる。

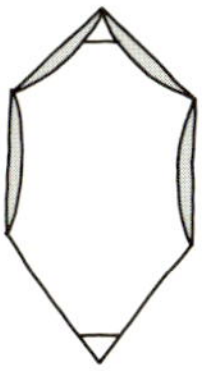

## 29 三蓋松

①ダイコンを適宜の厚さの輪切りにし、縦に半分に切る。この切り口を下にしておき、下から1㎝のところから両側の角を切り落とす。
②半円形の円周を3等分し、深めに切り目を入れて、左右から丸くむき取る。
③底辺に末広がりに切り目を入れ、側面からカーブをつけてむき取る。
④底辺の中央をV字形に切り取

り、カーブをつけてむき整える。
⑤②の切り込みの延長線上に、三角のみで溝をつける。
⑥3つの山の上面の高さ（厚み）が、向かって右から左へ、順に低くなっていくように、溝に向かって包丁を水平に入れ、真ん中の山は1段、左の山は2段分を削り取る。末広がりの部分は真ん中の山の高さに合わせる。

## 30 組松葉

①キュウリを長さ4㎝、幅6㎜、厚さ3㎜くらいの小算木形に切る（上面に皮を残して）。
②皮を上にしておき、図のように互い違いに切り目を入れる。
③両端を持ち上げて交差させる。

## 31 松が枝

①カボチャは種を取り、皮を残して、扇形に切り出す。
②扇形の左右と下辺の内側に、三角のみで溝を彫る。溝の外側を切り出しで削り取る。
③左右の溝から溝までの間の円周を3等分して切り込みを入れ、左右から丸くむき取る。この時、山の頂点に皮を少し残すようにする。
④3つの山の上面に、三角のみで放射状の溝をつける。3つの山のそれぞれの中心から、扇形の中心に向かって、三角のみで溝をつける。

## 32 松笠

①サトイモは下部を少し切り落とし、その断面から上部に向かって皮をむく。
②断面を上にし、包丁で断面を五角形に成形する。
③五角形の辺の近くに、切り出し（または包丁）で三日月形を5本、彫り込む（上から見ると三日月形5本が五角形になっているように）。
④三日月形の山の真ん中に向かって、左右から三日月形を半分ずつ切り取る。
⑤同様にして2周目、3周目と上まで彫り込む。
⑥五角形の断面を下にしておく。

## 33 夫婦竹

①カボチャは6等分くらいのくし形に切り、種を除き、皮をむく。真ん中あたりの幅の広い部分を使う。
②上面の中央に縦に三角のみで溝を彫る。その溝に向かって、両サイドから丸くむく。これで2本の竹ができる。
③竹1本につき、1～2本、三角のみで節を彫り込む。
④手前になる面に、丸のみで2つ穴をあけ、先端部分だけくりぬく。
⑤竹の節の近くに、三角のみで、三角の模様を彫り込み、竹らしい雰囲気を出す。

## 34 竹の輪

①ダイコンを3㎝くらいの厚さの輪切りにし、面取りする。
②中央を丸いぬき型でぬき、切り出しで丸くむき整える。
③輪を3～4等分するように、竹の節を三角のみで切り込む。
④節の近くに、三角のみで三角の模様をつけ、竹の雰囲気を出す。

## 35 二輪梅

①ニンジンを梅花にむく（37の①～③参照）。
②上面を、鉛筆削りの要領で、中心をとがらせるようにむく。
③その中心を基点にして、傾斜したラインに沿って周囲を薄く2周半ほどむく。
④両端から丸め、逆円錐形の梅が2個つながった形に整える。
※一般によく作られる、二つ猪口のキュウリの山葵台と同じ手法。

## 36 梅鉢釜

①葉付きのカブは、底部をまっすぐ切り落とす。
②五角形に木取り、5つの辺の中央に2㎜くらいの深さで切り込みを入れる。
③切り込みに向かって左右から丸くむき、梅形にする。
④天を葉付きのまま5㎜くらいの幅で切り落とす。茎を1本だけ残し、その周囲をきれいにむき整える。中心から外側に向かって、なだらかな傾斜をつける。これが釜の蓋になる。
⑤身の部分は、丸のみで梅形にくりぬく。

## 37 梅鉢

①ニンジンを3㎝くらいの厚さの輪切りにし、五角形に木取る。
②各辺の中央から、約2㎜の深さで、梅の中心に向かって垂直に切り込みを入れる。
③切り込みに向かって左右から丸くむき、梅形にする。角は少しだけ切り取って丸みを出す。
④梅の中心に、丸のみを深さ2㎜くらい差し入れ、めしべのあたりをつける。
⑤花びらの中心に、三角のみでV字形の切り目を計5本、深めに入れる。

## 38 横梅

①ニンジンを3㎝くらいの厚さの輪切りにし、五角形に木取る。この時、上の2辺を長くする。
②各辺から、梅の中心に向かって垂直に、深さ約2㎜の切り込みを入れる。底辺は中央に、右の2辺は中央より約2㎜右に、左の2辺は中央より約2㎜左に入れる。
③その切り込みに向かって、左右から丸くむき、梅形にする。角は少しだけ切り取って丸みを出す。下の2枚の花びらが、他の3枚よりも小さくなるのが横梅の形。
④切り出しを斜めにねかせ、下2枚の花びらの上部を山形に結ぶラインに切り込みを入れる。
⑤④の切り込みまで、梅の上部から、2㎜くらいの深さで包丁を水平に入れ、3枚の花びらの部分を薄く切り取る。下の2枚の花びらが浮き上がる。
⑥④の切り込みの中央から、放射状に5本の切り目を入れる。

## 39 福良梅

①ニンジンを梅形にむき、中心にめしべのあたりをつける（37の①〜④参照）。
②花びらと花びらの間と、めしべを結んだ線上に、計5本、切り込みを入れる。
③花びらの中心に、包丁の切っ先をねかせてあて、②の切り込みに向かって、なだらかにむき取る。
④続けて刃を返し、反対側の切り込みに向かって同様にむき取る。
⑤同様に③、④を5回繰り返す。
⑥切り出しで、めしべのまわりをむき整え、めしべを浮き立たせる。

## 40 福良梅

①カブは丸い形を生かして皮をむく。
②天の中央から5等分するように、カーブに沿って、三角のみで切り込みを入れる（2㎜くらいの深さに）。
③5等分した花びらの中央から、切り込みに向かって丸くむき、下部が膨らんだ梅形にする。
④天の中央から、花びらの中央に、三角のみで、中ほどまで筋を入れる。

※底面から丸のみでくりぬき、中に挽き肉などを鋳込んでもよい。

## 41 末広

①キュウリを厚さ1・5㎝、幅2㎝、長さ6〜8㎝ほどの棒状

に切り、種の部分を切り落とす（上面に皮がついている状態）。
②縦長にしておき、向こう側を2cmくらい残して（要の部分になる）、手前側に縦に細かく切り目を入れる。
③根元をむき整え、切り目をずらして開き、要を下にしておく。

## 42 扇面

①キュウリを厚さ1・5cm、幅2cm、長さ6～8cmほどの棒状に切り（上面に皮がついている状態）、種の部分を包丁で切り落とす。
②縦長にしておき、向こう側を2cmくらい残して（要の部分になる）、手前側を11等分にするように、縦に10本切り目を入れる。11枚のひだができる。
③1枚おきに、ひだを折り曲げる。
④根元をむき整え、要を下にしておく。

## 43 鉄扇

①ゴボウは上面に皮を残して、上が広い縦長の台形に木取る（厚さは2cmくらいを目安に）。
②皮を上にしておき、中央に縦に5mmくらいの帯を残すように、その両脇に切り目を入れる。深さは2mmくらいを目安に。これが扇の持ち手の部分になる。
③下から1～2cmくらいまで、帯の左右を切り取る。
④左右から2mmくらいの深さで包丁を水平に入れて、帯の両側を薄く切り取る（少しカーブをつける）。帯の部分が浮き上がる。

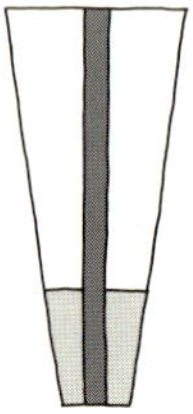

## 44 鉄扇

①ニンジンは皮をむいて、43と同様にむく。

## 45 扇面

①ダイコンを丸く木取る。
②中心を丸いぬき型でぬき、半分に切る。
③両側の下部を、中心から少し斜め上に切り落とす（＝末広形）。
④上面に、中心から三角のみで切り込みを入れ、扇の折り目に見立てる。

## 46 分銅

①カブを丸く木取り、1～2cmの厚さに切る。
②丸いぬき型で左右対称に両端をぬく。

## 47 小槌

①ニンジンを3・5～4cmくらいの厚さの輪切りにする。
②断面が長方形になるように、両サイドをまっすぐに切り落とす。
③図のようにあたりをつけ、切り込みを入れて、むき取る。
④立体感を出すように、左側に丸のみで2本彫り目を入れる。

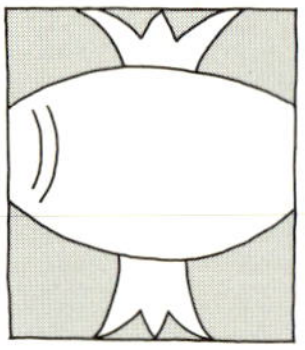

## 48 鈴

①二十日ダイコンは形のよい茎を数本残し、他は根元から折り取る。
②中央に2mmくらいの帯状に皮を残し、上下の皮をむく。
③下半分の中央に、丸のみで小さな穴をあける。
④穴の下に、穴と平行に縦に1本、三角のみで溝を彫り込む。左右から溝に向かって丸くむく。

## 49 俵

①サトイモは天地を切り落とし、皮をむく。横にした時に、縛った俵の形になるように、両端は斜めにむき取る。
②斜めにむき取った部分の表面全体に、三角のみで細い筋を彫り入れる（左右とも）。
③俵のとじめの部分に、三角のみを2回ずつ入れたV字形の切り込みを、ぐるりと1周入れる（左右とも）。
④中央部にも細い筋を彫り入れる。

## 50 雄蝶　51 雌蝶

①エビイモを長さ7㎝、幅5㎝、厚さ2・5㎝くらいの直方体に木取る。これを2つ用意する。

②雄蝶、雌蝶それぞれ図のようなあたりをつけ、切り込みを入れる。要の部分、真ん中の熨斗形の部分、ひだの部分と、それぞれ高低差をつけることで立体感を出す。

【要の部分の仕上げ】

③扇形の要となる部分に、三角のみで弧を描く。その下の要となる部分は、中央が高くなるように、左右から削り取る。

【真ん中の熨斗形の部分の仕上げ】

④雄蝶はトップを山形にして、ひし形を作る。ひし形の下辺の延長線をひいてできた三角形の部分を中くらいの高さに削り取り、下の部分を浮き立たせる。ひし形の部分はさらに低く削り取る。

⑤雌蝶はトップを谷形にして、V字を作る。V字の延長線をひいてできた三角形の部分を中くらいの高さに削り取り、下の部分を浮き立たせる。

【ひだの部分の仕上げ】

⑥外側のひだをいちばん高くする（真ん中の熨斗形の部分と同じ高さ）。真ん中から数えて1つ目のひだは、真ん中寄りから、低→中と傾斜をつけ、2つ目のひだは中→低と傾斜をつけて、外側のひだと、真ん中の熨斗形の部分を浮き立たせる。

⑦真ん中の熨斗形の部分の中心線と、1つ目と2つ目のひだの間の線は、切り込みを入れて少し切り取る。

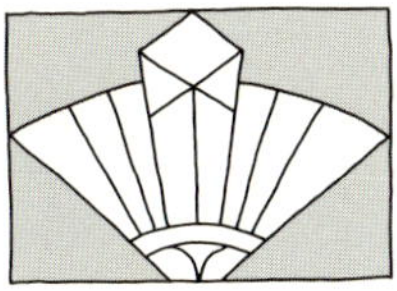

# 柚子の香頭 いろいろ

吸物や雑煮、椀盛りなどの汁物に香りを添える香頭《こうとう》（吸口《すいくち》）は、椀種（主素材）、椀妻（副素材）とともに、汁物の構成要素として欠かせないもの。一般に柚子、生姜、山葵、葱、芥子、山椒などが使われるが、中でも柚子は、形でその席の趣向を表現することのできる重宝なものである。祝儀、不祝儀で使える形を何例か紹介する。

## 祝儀にふさわしい形

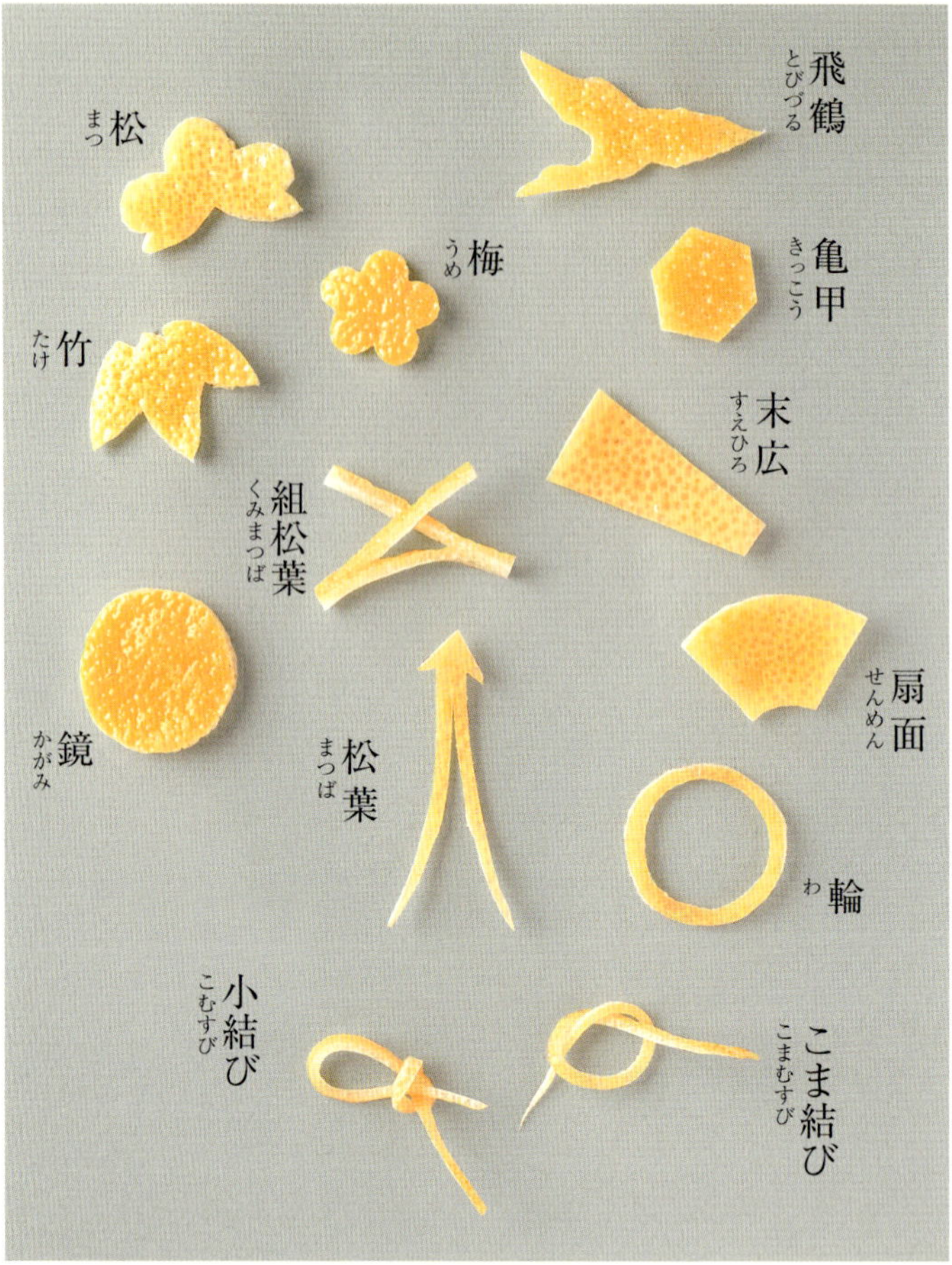


## 不祝儀でも使える形

# 青掻敷いろいろ

掻敷《かいしき》とは、もともと食物を盛る器や神饌に敷く木の葉や葉付きの小枝、紙のことをいう。転じて今では、料理に添える植物全般やさまざまな紙製品も含めて掻敷ということが多く、一般に植物の葉や枝を青掻敷、または葉掻敷、和紙や紙製品を紙掻敷という。ここでは祝儀に使われる青掻敷を紹介する。

裏白《うらじろ》

松《まつ》

笹《ささ》

南天《なんてん》

譲り葉《ゆずりは》

青竹《あおだけ》

松笠《まつかさ》

# 柚子の香頭いろいろ
# 青掻敷いろいろ
## 解説

**【柚子】**

ユズは洗って、皮の部分を帯状にむく。裏の白い部分をきれいに削り取り、ぬき型でぬいたり、包丁で切って形を作る。

青ユズは同様に皮をむき、銅鍋で、塩湯でゆで、氷水にとって色止めしてから形を作る。

祝儀にふさわしい形は不祝儀では使わないよう、不祝儀でも使える形は祝儀では使わないように注意する。

菊は祝儀でも使われることがある（77頁参照）。

紅葉（もみじ）は包丁目を生かすため、裏使いにする。

針ユズを使う時は、白髪ユズなどと表現を変えるとよい（針は祝儀にはふさわしくない）。

**【青掻敷】**

青掻敷はきれいに洗って、乾燥しないよう、ぬらしたペーパータオルなどに包んでおく。

葉ものの基本的なおき方は、向かって右側に根元をもってきて、葉先が左上に向かって伸びるようにおく。

不祝儀の席では、本来、掻敷で飾ることをしないのが基本だが、使っても差し障りがないのは、蓮の葉、菊の葉など。落ち葉は、鮮やかな色調は避け、吹き寄せ（「寄せる」ことは不祝儀ではダブー）にはしないのが原則。

**裏白**

ウラジロ科の羊歯《しだ》植物。羊歯の歯は年齢を表わし、長寿を意味する。また、2枚の葉が向き合ってくっついていることから夫婦和合の象徴、胞子が多く着くことから子孫繁栄の象徴、裏が白いことから「腹黒くない」、すなわち「正直」「清浄」を表わすともされる。

裏側の白いほうを表に、付け根を向こうにして、2枚の葉をくっつけたまま使う。

**南天**

難転、すなわち「難を転じる」に通じることから、魔除け効果のある縁起のよい植物とされる。葉には殺菌作用があり、掻敷として使われるが、実は料理のあしらいには使わない。

**笹**

竹と同様に扱われる。竹は常緑樹で、天に向かってまっすぐに勢いよく伸びることから、長寿や生命力、節度の象徴とされる。

**松・松笠**

神霊が宿るご神木、また延命長寿、不変の愛情（節操）、生命力などの象徴とされる松は、おめでたい植物の筆頭。小枝や松葉、松笠（松ぼっくり）など、いろいろな形で飾られる。

松葉は2本がくっついた状態になっており、枯れて落ちても離れないことから夫婦和合の象徴ともされる。バラバラにせず、そのままの形で使うのが原則。また、松葉を「散らす」のは祝儀の席では避けたほうがよいとされ、松葉差しなどにして使うのが一般的。

写真は五葉松で、葉が5つずつまとまって生えるのが特徴。

**青竹**

常緑樹で成長が早く、まっすぐ天に伸びることから、縁起がよいとされる。切り出してから時間が経つと、茶色く変色するので、切り立ての青々としたものを使うのが原則。保存する時には、空気に触れないよう、ラップ紙などに包んで冷凍しておくと、青さを保つことができる。

**譲り葉**

春先に若葉が生えてきてから古い葉が落ちる（次の葉が出てくるまで古い葉が青々と繋っている）ことから、代の継承、子孫繁栄の象徴とされる。

# むきものの上手な使い方

## ●祝儀には むきものを適度に取り入れる

祝儀の席では、むきものは、素材だけでは表現しきれないおめでたさをより明確に示すことができる効果的な手段の一つである。野菜を松竹梅や鶴亀、末広、宝、熨斗などの形にむいたり、紅白の取り合わせを意識してあしらうだけで、華やかさやお祝の雰囲気がぐっと高まる。

ただし、これらをすべての料理に使うのではなく、椀物、差身、口取など、要所要所に取り入れることがポイントである。やりすぎは禁物で、ほどよく装飾を施すことで、インパクトも強まり、その日の祝宴への思い入れをさりげなく伝えることができる。

なお、婚礼に代表される祝儀の席では、普段以上に材料が「割れ」たり、「欠け」たり、「崩れ」たりすることを避けなければならず、最高に美しい仕上がりが求められる。むきものとして包丁を入れることで逆効果にならないよう、細心の注意が必要である。

## ●不祝儀には むきものはふさわしくない

一方、不祝儀の席は、故人の死を悼み、故人をしのび、遺族をなぐさめるのが目的である。むきものの根本である「料理を飾る」という発想自体が、そもそも相容れないものである。

不祝儀では、祝儀らしい色や形を避け、華美になることなく、質素に、控えめに、というのがあるべき姿勢である。年数を経た法事など、料理にもある程度関心が向くような席ならば、ちょっとした演出が喜ばれる場合もあるが、基本的には、不祝儀の席にむきものはふさわしくないといえる。

陰陽論からいえば、野菜などを切る時の形は、祝儀では丸（陽）がふさわしく、不祝儀においては、丸よりも四角や三角（陰）のほうが望ましい。とはいえ、日本料理の基本はあくまでも陰陽バランスなので、何が何でも四角ということではなく、やや四角寄りに意識をおいておく、という程度である。

また、落ち葉（イチョウや木の葉など）、蓮の葉や花、菊の葉や花の形は、不祝儀で使っても差し障りがなく、ちょっとした心遣いとしてふさわしい。

なお、菊は、9月9日の重陽の節句（菊の節句ともいわれる）のお祝や、その前後に催される秋の賀寿のお祝などでは、健康、長寿を象徴する形として祝儀にも使われることがある。

一方、不祝儀という括りではなく、料理の形式としての精進料理には、むきものは好んで用いられる。限られた食材でバリエーションを出すためには、むきものは有効な手段である。

# 祝儀に用いる道具と器

祝いの儀式や行事には、古来から仕来りにのっとった特別の道具や器が使われてきた。その中で現代にも伝わるものをいくつか紹介する。また、祝儀の席にふさわしいいろいろな意匠についても、簡潔に説明する。

## ［酒器］

「三三九度の盃」の儀式で使われる酒器は、長柄の銚子と提子、それに土器《かわらけ》の三ツ重の盃が基本。長柄の銚子には雄蝶飾り、提子には雌蝶飾りを付け、盃は白木の三方にのせる。これは本来、神前で行なわれる儀式だが、近年は仏前や人前でも、簡略化された形で同様の儀式が執り行なわれるケースが増えている。写真下は仏前での三三九度の酒器の一例。

長柄銚子《ながえちょうし》 雄蝶飾り《おちょうかざり》

提子《ひさげ》 雌蝶飾り《めちょうかざり》

※儀式の慣習は、地方や流儀による差が大きいので注意が必要である。

真塗り三方に《しんぬりさんぼうに》
三ツ重朱盃《みつがさねしゅはい》（家紋入り《かもんいり》）

[嶋　台]

嶋台《しまだい》（洲浜台《すはまだい》）とは、島のような形をした脚付きの台のことで、島台とも書く。もともとは祝儀に付きものの床飾りで、白木の台に岩や木、むきものなどで作った花鳥などを配して、島のように装飾した。飾りの内容によって、蓬莱山《ほうらいさん》の台、高砂の台、羽衣の台、松竹梅の台、宝船の台などいろいろな嶋台があった。のちに、そこに引き出物や口取肴などの料理を盛るようになり、塗り物の台も使われるようになった。下は材質、形の違う嶋台3種。

真塗木瓜形《しんぬりもっこうがた》

白木洲浜形《しらきすはまがた》

真塗梅鉢形《しんぬりうめばちがた》

白木三方《しらきさんぼう》に三ツ重土器盃《みつがさねかわらけはい》

燗鍋《かんなべ》

雄蝶飾《おちょうかざ》り　雌蝶飾《めちょうかざ》り

# ［正月の器］

正月祝いの儀式は、新しい1年の幸福を願って、屠蘇《とそ》酒《しゅ》を酌み交わすことから始まる。正式な器は銚子、盃、盃台、盆の揃った屠蘇器揃。銚子には松竹梅をあしらった屠蘇飾りを付ける。

酒肴は重箱に詰めたおせち料理。重箱は「重なる」ことから、祝儀にしか用いない器である。

器の意匠は、松竹梅や鶴亀などの格式のあるもの、また七福神や初日の出、羽子板、熨斗、富士、青海波など、年の初めらしく、華やかなものが好まれる。

松竹梅螺鈿蒔絵屠蘇器揃《しょうちくばいらでんまきえとそきぞろえ》

高蒔絵松竹梅花菱繫文五段重《たかまきえしょうちくばいはなびしつなぎもんごだんじゅう》

## 祝箸《いわいばし》

祝儀の席では、柳の両細丸箸を、紅白や金銀の水引を掛けた箸包みに入れて使うのが基本。柳の箸には「折れにくい」「邪気を払う」「最初に芽が出るのでおめでたい」など柳にまつわるいくつかのいわれがある。逆に不祝儀では柳の両細箸は使わない。

柳両細丸箸《やなぎりょうぼそまるばし》

## ［いろいろな意匠］

### 松竹梅・四君子《しょうちくばい・しくんし》

松、竹、梅は冬の寒さに耐える強さを持つことから、中国では「歳寒《さいかん》の三友《さんゆう》」と呼ばれ尊ばれた。四君子は、竹、梅、菊、蘭を指し、同じく中国で、理想的な君子の人格を表わすものとして尊重された。これらは個別でもそれぞれに縁起のよい植物であるが、組み合わせることでなお、おめでたさが極められ、日本では吉祥文様の筆頭格である。

松竹梅文扇面鉢《しょうちくばいもんせんめんばち》

花丸四君子半月盆《はなまるしくんしはんげつぼん》

古九谷四君子手鉢《こくたにしくんしてばち》

梅花形松竹梅寿向付《ばいかがたしょうちくばいことぶきむこうづけ》

# 松《まつ》・竹《たけ》

神霊が宿る御神木として古くから信仰の対象であった松。さらに、冬の寒さに耐えてなお、変わらず青さを保つ常緑樹であることから、延命長寿、不変の愛情(節操)、英気などの象徴とされた。

若松、根引松、五葉松、松笠、松葉などさまざまに意匠化され、3つ山のある三蓋《さんがい》松《まつ》は、もっとも典型的な松の形となった。

竹は成長が早く、天に向かってまっすぐ伸びること、常緑樹であることから、縁起がよいとされ、節《ふし》は節度の象徴とされた。

緑交趾金彩松形平向付《みどりごうちきんさいまつがたひらむこうづけ》

五葉松蒔絵椀《ごようまつまきえわん》

根引松絵丸盆《ねびきのまつえまるぼん》

御本手若松鉢《ごほんでわかまつばち》

乾山風松絵蓋物《けんざんふうまつえふたもの》

青楽若松四方皿《あおらくわかまつよほうざら》

乾山写松雪平向付《けんざんうつしまつゆきひらむこうづけ》

乾山風松絵金彩向付《けんざんふうまつえきんさいむこうづけ》

乾山写松絵筒向付《けんざんうつしまつえつつむこうづけ》

竹蒔絵吸物椀《たけまきえすいものわん》

染付竹文中鉢《そめつけたけもんちゅうばち》

色絵竹文蓋向付《いろえたけもんふたむこうづけ》

# 鶴・亀《つる・かめ》

不老不死の蓬莱山に棲むといわれる鶴と亀は、長寿の象徴として尊ばれてきた。鶴は、2羽を描いた双鶴や向鶴《むかいづる》、羽根を広げて舞う舞鶴、群れで飛ぶ群鶴、瑞《ずい》雲《うん》と描かれる雲鶴《うんかく》、卵を抱く巣籠り鶴、羽ばたく飛鶴や翔鶴《しょうかく》、松の枝をくわえた松喰鶴など、さまざまな意匠に発展した。

亀は愛らしい姿を写した蓋物もあるが、多くは蓑亀や、幾何模様の亀甲として描かれている。蓑亀は甲羅に緑藻が着床した亀で、とくに縁起がよいとされるもの。

亀甲蒔絵《きっこうまきえ》見返福字玉子椀《みかえしふくのじたまごわん》

粟田風鶴向付《あわたふうつるむこうづけ》

粉引巣籠り鶴蓋物《こひきすごもりづるふたもの》

金箔双鶴松葉文向付《きんぱくそうかくまつばもんむこうづけ》

見返日の出鶴椀《みかえしひのでつるわん》

金蒔絵松喰鶴椀《きんまきえまつくいづるわん》

飛鶴絵丸盆《とびづるえまるぼん》

溜塗亀甲群鶴煮物椀《ためぬりきっこうぐんかくにものわん》

日の出鶴亀椀《ひのでつるかめわん》

見返

黄交趾双鶴文鉢《きごうちそうかくもんばち》

緑交趾亀蓋物《みどりごうちかめふたもの》

# 末広《すえひろ》・扇面《せんめん》

先にいくほど広くなっていく末広がりの形が縁起がよいとされた扇は、文字通り「末広」とも呼ばれ、ものごとが繁栄・発展していくさまを表わす。

意匠としては、扇面に吉祥文様を描いて、あるいは2面を重ねたり組み合わせたりして、さらにおめでたさを高めたものが多い。開扇形《かいせんがた》の器は要《かなめ》を下にして、半開扇形は要を右にして使うのがきまり。鉄扇は骨が鉄製の扇で、武士が護身用に携帯した武具。

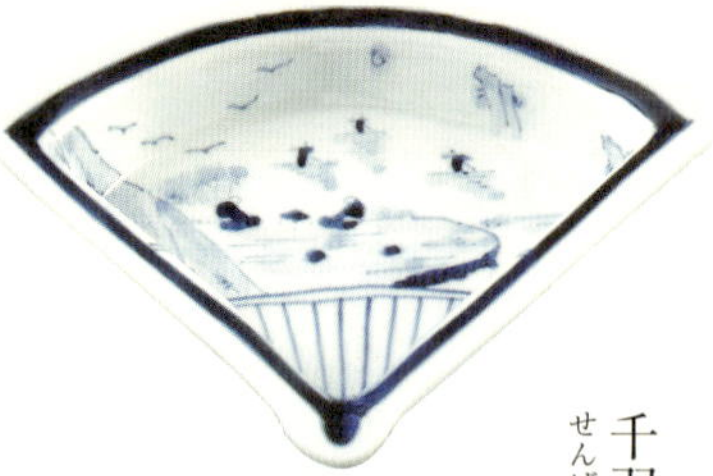

染付扇向付《そめつけおうぎむこうづけ》

千羽鶴扇面皿《せんばづるせんめんざら》

吉田屋風扇面向付《よしだやふうせんめんむこうづけ》

真塗内金鉄扇形蓋物《しんぬりうちきんてっせんがたふたもの》

金襴手組扇蓋物《きんらんでくみおうぎふたもの》

見返

四君子重ね扇蒔絵吸物椀《しくんしかさねおうぎまきえすいものわん》

## 結び・熨斗《むすび・のし》

熨斗はもともと、鮑《あわび》の身を薄く長く帯状にのばして（のして）乾燥させたもの。熨斗鮑と呼ばれ、長寿や長く続くご縁を願って祝儀の贈答品などに添えられた。この熨斗を数本束ねたデザインが束ね熨斗。豊かな色彩と動きのある形が華やぎを感じさせるおめでたい意匠である。また「縁を結ぶ」に通じることから吉とされるのが結びの意匠。

熨斗蓋物《のしふたもの》

黄交趾束ね熨斗向付《きごうちたばねのしむこうづけ》

雲錦結び文形蓋物《うんきんむすびぶみがたふたもの》

結び文小吸物椀《むすびもんこずいものわん》

真塗り束ね熨斗蒔絵椀《しんぬりたばねのしまきえわん》

色絵宝尽し巾着袋蓋物《いろえたからづくしきんちゃくぶくろふたもの》

# 日の出・富士・青海波《ひので・ふじ・せいがいは》

日の出と波を組み合わせた日の出波は祝儀の定番。蓋が赤、身が黒の椀は日の出椀といわれ、色だけで日の出を表わしたもの。

初夢に見ると縁起がよいとされる富士は、松や鶴、風景などと組み合わせて描かれることが多く、おめでたさの極み。

青海波は、穏やかな波の様子を、半円を互い違いに重ねて表わした文様。平穏・無事の象徴として、おめでたいとされる。

いずれも婚礼や正月にふさわしい晴れやかな意匠である。

日の出煮物椀《ひのでにものわん》

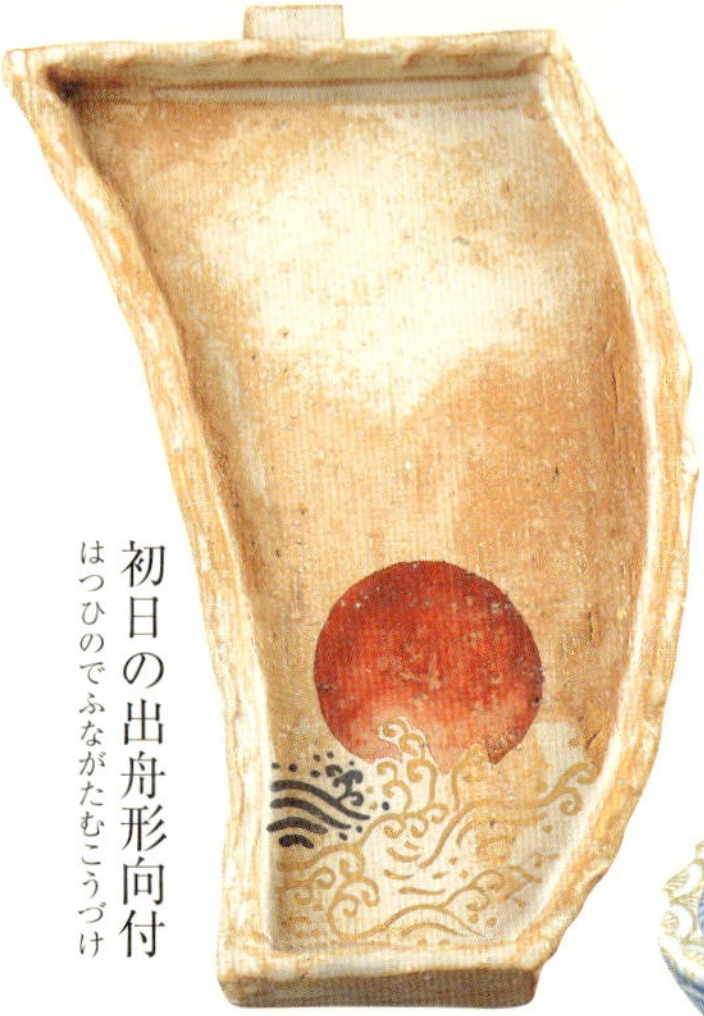

初日の出舟形向付《はつひのでふながたむこうづけ》

青海波組向付《せいがいはくみむこうづけ》

日の出波椀《ひのでなみわん》

富士に飛鶴蒔絵吸物椀《ふじにとびづるまきえすいものわん》

粉引双鶴《こひきそうかく》
富士形向付《ふじがたむこうづけ》

# 吉祥文字《きっしょうもじ》

文字自体がおめでたい意味を持つ吉祥文字を、器の見込や側面、蓋などに描き、おめでたさを表わす意匠。よく用いられるのは、一文字では寿、福、吉、魁《さきがけ》など。組合せで使われる代表的なものは福、禄、寿。四文字熟語では富貴長命、富貴長春など。富貴は財を成して貴いことを示し、長命、長春はいずれも長寿を表わす。

永樂宝絵見込福字鉢《えいらくたからえみこみふくのじばち》

吹墨見込吉字向付《ふきずみみこみきちのじむこうづけ》

永樂鶴亀《えいらくつるかめ》
金彩見込寿字鉢《きんさいみこみことぶきのじばち》

染付富貴長春蓋向付《そめつけふうきちょうしゅんふたむこうづけ》

丸紋福禄寿向付《まるもんふくろくじゅむこうづけ》

緑交趾寿四方鉢《みどりこうちことぶきよほうばち》

# 宝《たから》

価値あるお宝を単独で、または組み合わせて描き、財宝に満ちたおめでたさを表現する意匠。たくさんのお宝を寄せて描いたものは宝尽しといわれ、華やかな図柄が祝儀の席で喜ばれる。

お宝の種類は地方や時代によって多少異なるが、如意宝珠、払子《ほっす》、打出の小槌、巻軸、金嚢（巾着）、隠れ笠、隠れ蓑、分銅《ふんどう》、丁子、宝剣、花輪違、金函（金箱）、珊瑚など。

七宝は透かしにも用いられる典型的な吉祥文で、七宝繋《つなぎ》は地文としてもよく登場する。

螺鈿蒔絵宝尽し吸物椀《らでんまきえたからづくしすいものわん》

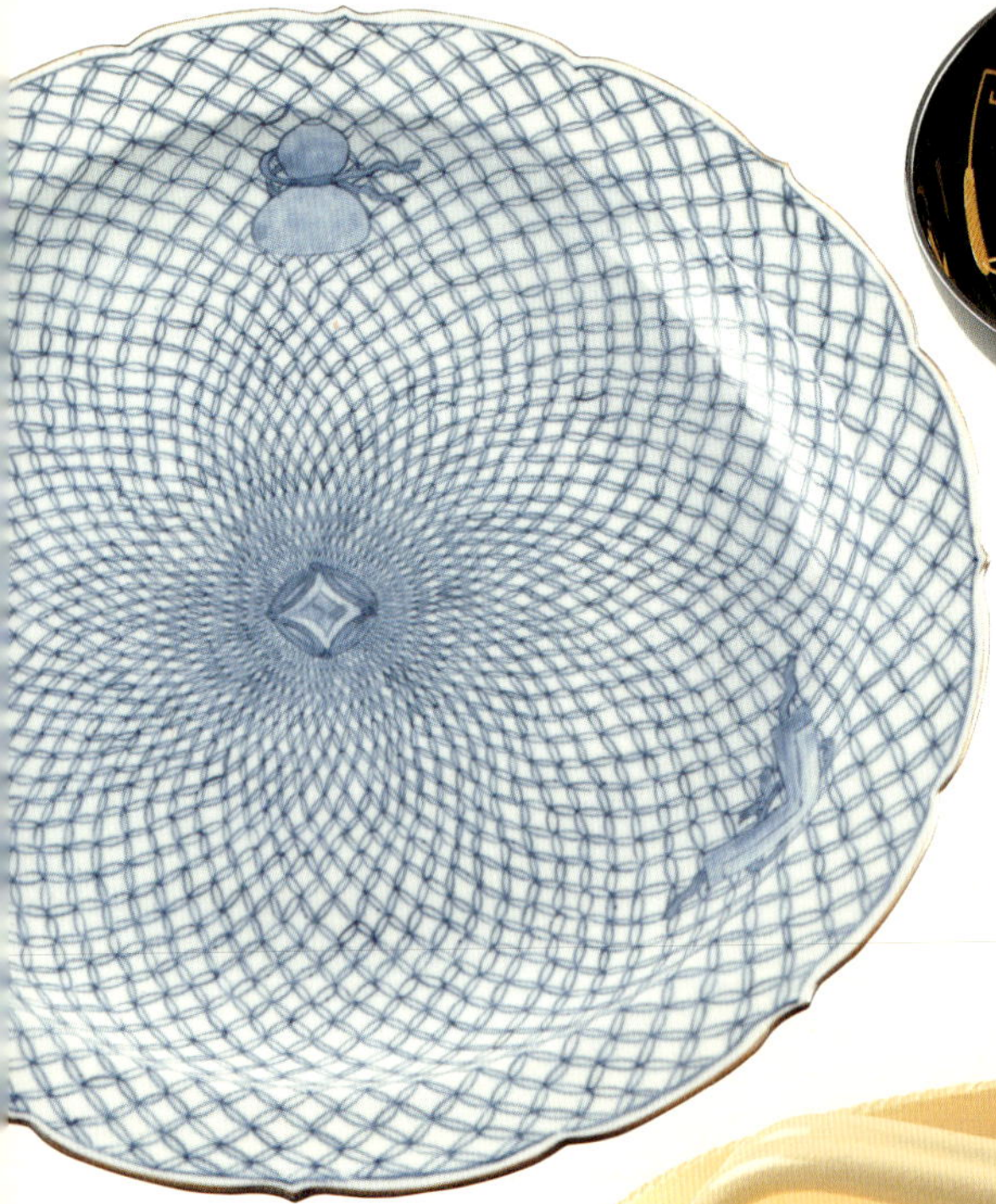

地文七宝繋宝尽し大皿《じもんしっぽうつなぎたからづくしおおざら》

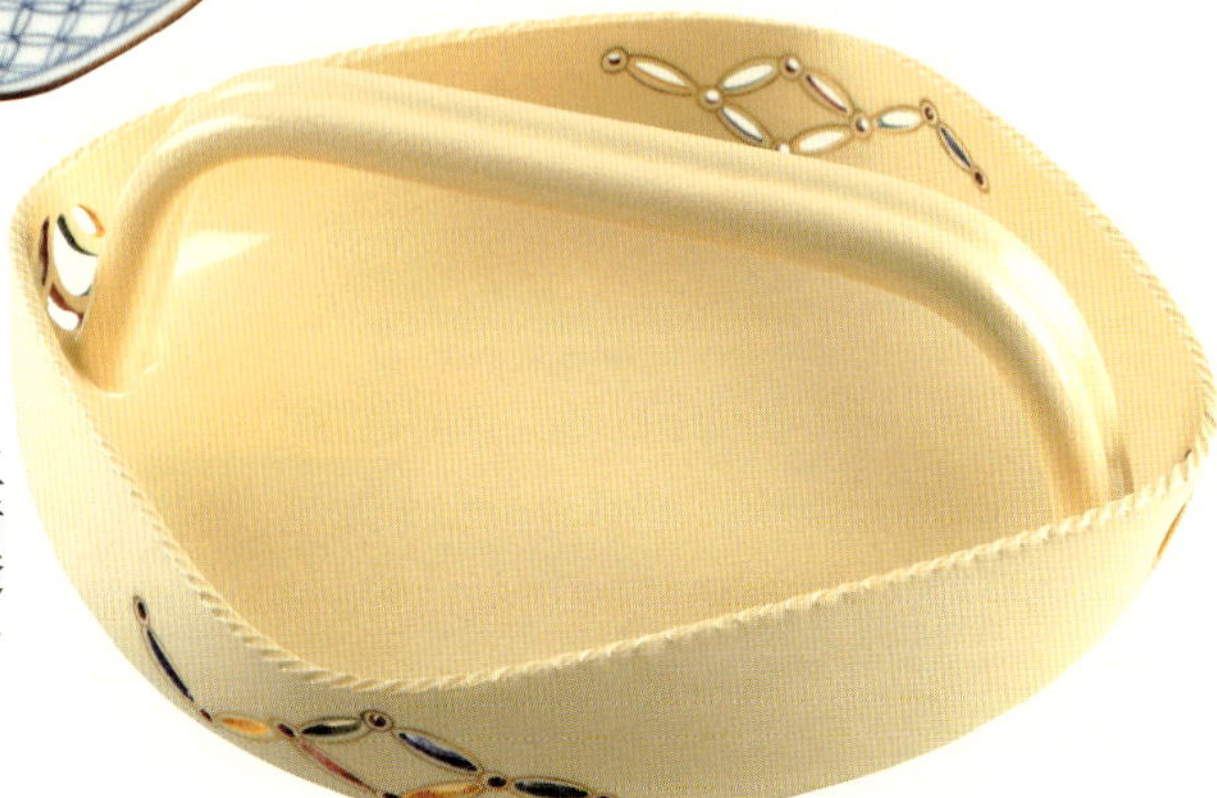

仁清透し七宝四方手鉢《にんせいすかししっぽうよほうてばち》

交趾七宝透し蓋物《こうちしっぽうすかしふたもの》

色絵宝尽し浅鉢《いろえたからづくしあさばち》

宝尽し三ツ組盃《たからづくしみつぐみはい》　盃台《はいだい》

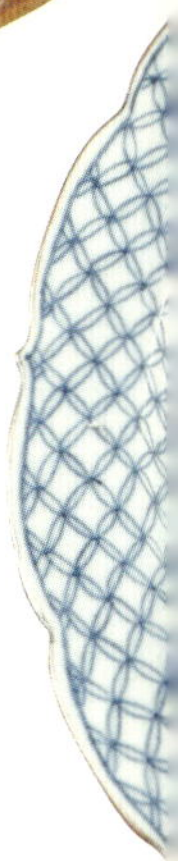

染付福禄寿《そめつけふくろくじゅ》
宝尽し七寸皿《たからづくしななすんざら》

染錦七福神小槌蓋物《そめにしきしちふくじんこづちふたもの》

## その他

夫婦和合の象徴である蛤や鴛鴦、「おめでたい」につながる鯛、中国宮廷の権力の象徴であった龍、想像上の瑞鳥とされる鳳凰なども、縁起のよい意匠として知られている。また、蝠の字が「福」の音と重なることから、蝙蝠《こうもり》もおめでたいものとされている。

動物以外では、白羽の矢が立つことから矢羽根、五穀豊穣の俵、ものごとを「成す」意味の茄子、無病（六瓢）にかけて六つの瓢《ひさご》文様、おめでたいことが重なるようにとの願いから菱重ねなども吉祥の意匠として使われる。

緑交趾桐鳳凰図鉢《みどりこうちきりほうおうずばち》

仁清風鴛鴦蓋物《にんせいふうおしどりふたもの》

赤楽鯛蓋物《あからくたいふたもの》

赤楽蛤蓋物《あからくはまぐりふたもの》

色絵向い鳳凰木瓜皿《いろえむかいほうおうもっこうざら》

万暦長角蓋物《ばんれきながかくふたもの》

唐子蝙蝠蒔絵吸物椀《からここうもりまきえすいものわん》

矢羽根前菜皿《やばねぜんさいざら》

仁清風俵形蓋物《にんせいふうたわらがたふたもの》

紫交趾茄子蓋物《むらさきこうちなすふたもの》

金銀六瓢吸物椀《きんぎんむびょうすいものわん》

矢羽根絣紋蓋向付《やばねがすりもんふたむこうづけ》

縁金菱重平向付《ふちきんひしがさねひらむこうづけ》

# おめでたい色、形、文様

## ●祝儀にふさわしい意匠とそのいわれ

祝儀の席では、縁起をかついで、器にもさまざまな意匠（デザイン）が取り入れられる。一般に器としてよく登場するおめでたい意匠について、主なものをいわれ別に簡単にまとめてみた。一つの献立の中に、色や形、文様の同じものが重ならないよう、表現に幅を持たせ、できる限りの祝意を伝えたい。

- **延命長寿**、**生命力**／松竹梅、松、竹、梅、鶴、亀、橘、桃、海老、伊勢海老など。
- **不変の愛情**、**節度**、**人格**／松、竹、梅、四君子など。
- **夫婦円満**／鴛鴦《おしどり》、蝶々、蛤など。
- **霊力**／鳳凰、龍、鹿など。
- **子孫繁栄**／石榴《ざくろ》など。
- **出世**、**栄達**／鯉（滝のぼり）など。
- **富**、**財産**／砧《きぬた》、宝尽くし、七宝、瓔珞《ようらく》、牡丹、くす玉など。
- **福を招く**／七福神、宝船など。
- **五穀豊穣**／俵、稲穂など。
- **繁栄**、**将来の幸福**／末広、扇面、つる草、蝙蝠《こうもり》など。
- **縁結び**、**縁が続くこと**／熨斗《のし》、結び、輪、御所車、源氏車など。
- **始まり**、**上昇**、**頂点**／日の出、曙《あけぼの》、朝日、富士など。
- **語呂**、**言葉のかけ合わせ**／茄子、鯛、六瓢《むびょう》、重ね、矢羽根など。
- **吉祥文字**／吉、福、寿、魁、富貴長命、富貴長春、福禄寿など。
- **平穏**、**無事**／青海波など。
- **物語を題材に**／高砂、相生など。

## ●不祝儀の器

不祝儀で使う器については、とくにふさわしいとされる意匠があるわけではない。祝儀にふさわしい意匠や、華やかな色彩、派手な文様のものを避け、落ち着いた色合いで、無地または控えめな絵柄の物を選び、哀悼の意を表することが大切である。漆器なら、豪華な蒔絵や金銀粉の梨地、螺鈿《らでん》細工などは避けるのが無難。重箱は「重なる」ことから、不祝儀には用いない。

一般によく使われるのは、菊や蓮、イチョウ、梵字《ぼんじ》や仏教画などを取り入れた意匠や、おめでたい意味を持たない幾何学文様など。ただし菊は、重陽の節句のお祝や、四君子の一つとして祝儀に使われることもあるので、不祝儀で使う場合には、あくまでも控えめなものを取り合わせるよう心がけたい。

形としては、陰陽論の陰に分類される四角や三角の器がより望ましいということになるが、これは全体のバランスから判断することが大切である。

## 水引と和紙使い

和紙をいろいろな形に折って、水引を掛けたり、熨斗を付けたりした装飾品の数々。材料の選び方、折り方、結び方、実際の使い方など、祝儀・不祝儀それぞれに仕来りがある。

祝儀

# 仕来りをふまえた水引と和紙使い

慶弔の儀式や行事では古来より、細かな仕来りに従って、さまざまな場面で和紙や水引が使われてきた。そこには、冠婚葬祭など、人生の大切な節目を迎えるにあたっての厳粛な思いが込められている。ここではそれらの中から、箸包みや鯛の鰭飾《ひれかざ》り、酒器の蝶飾りなど、日本料理に関連の深い項目を取り上げ、簡潔に解説する。

## 和紙

祝儀・不祝儀で一般的に使われるのは奉書紙《ほうしょし》。純白の和紙できめが細かく、柔らかく、強さも備えた万能タイプで、大中小のサイズがあり、巻紙や着色（赤や黒）した色奉書紙もある。

檀紙《だんし》は縮緬状の皺を有する高級和紙で、表面の凹凸とぶ厚さから細工には不向きだが、存在感がある。

また、四辺を赤く染めた四紅紙《しこうし》（縁紅《ふちべに》ともいい、四を避けて色紅紙《しこうし》とも書く）も祝儀には欠かせない。

不祝儀

祝儀

# 水引

水引とは、「真新しく清浄なものです」という気持ちを込め、贈答品などに結ぶ飾りひものこと。細長く切った和紙をよってこよりを作り、水糊を引いて乾かし固めたもので、これを染料で染めて、あるいは箔加工して、各色の水引を作る。

祝儀に使われるのは、赤、白、金、銀、桃、緑など。不祝儀に使われるのは、黒、白、銀、茶、紫、紺、黄など。単色よりも2色を合わせて使うことが多く、あらかじめ2色に染め分けた、あるいはつないだ水引も販売されている。祝儀では赤白、金銀が代表的。不祝儀では黒白、黄白など。不祝儀では銀を単色で使うことも多い。

不祝儀

## 1 結びの基本

祝儀袋、不祝儀袋に掛ける水引の基本の結び方を解説する。祝儀は淡路結び、結びきり、蝶結びの3種、不祝儀は重なりが逆になる逆淡路結び。

## 2 箸包み

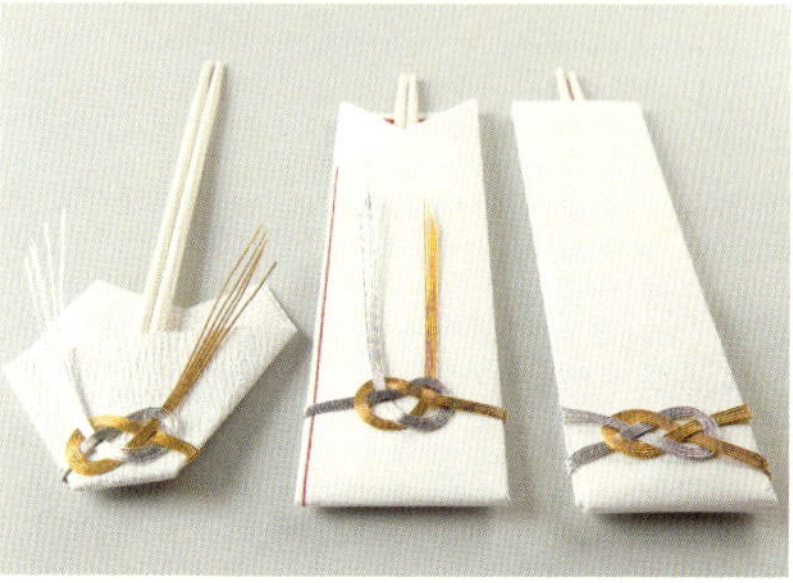

箸包みの折り方、水引の掛け方を解説。着物の襟合せのように左右を重ね、うしろに紅を見せる箸包みの作り方や、珍しい三角形の箸包みの折り方も解説する。

## 3 紙掻敷《かみかいしき》

紙掻敷2種の折り方を解説する。鶴掻敷は、四紅紙を使っておめでたさを華やかに演出するもの。天紙は、祝儀・不祝儀で折り方が逆になる。

## 4 酒器飾り

婚礼の儀式で酒器に付ける蝶飾りの折り方を解説する。雄蝶と雌蝶では折り方が微妙に異なる。正月の屠蘇飾りの折り方も合わせて紹介する。

## 5 熨斗《のし》

祝儀袋を上包みする熨斗包みの解説。祝儀袋だけでなく、ちょっと何かを包む場面でも役立つ。合わせて折り熨斗の作り方も紹介する。

## 6 鰭飾り《ひれかざり》

鯛の姿焼きの尾を飾る尾鰭飾りと、胸鰭の付け根あたりに差す胸鰭飾りの作り方を解説する。水引のさまざまな装飾テクニックも使われている。

# 祝鯛

いわいだい

祝儀の献立の焼物の定番、鯛の塩焼きは宴席の花形。縁起をかつぎ、尾頭付きで姿焼きにして、おめでたい前盛りをあしらい、さらに祝いの趣向で装飾して提供する。上は金銀水引の尾鰭飾りと胸鰭飾りで豪華な装い。下は紅白の糸を、背鰭、腹鰭などに引っかけながらぐるりと1周させて結んだ華やぎのある装い。いずれも頭と尾をピンと立て、勢いよく盛りつける。

| 折り熨斗<br>書き（印刷）熨斗 | 金封、掛け紙の裏側の重ね方 |
|---|---|
| あり | 下からの折り返しを上に<br>右からの折り返しを上に |
| あり | 下からの折り返しを上に<br>右からの折り返しを上に |
| あり<br>（なしも可） | 下からの折り返しを上に<br>右からの折り返しを上に |
| なし | 上からの折り返しを上に<br>左からの折り返しを上に |

# 水引と熨斗の約束事

## 【水引】

### ●祝儀は奇数、不祝儀は偶数

水引は通常、1本で使うことはなく、何本かを合わせて1組にして使う。陰陽論の分類に基づくと、祝儀では5、7、9などの奇数本（陽数）を合わせ、不祝儀では4、6、8などの偶数本（陰数）を合わせるのが定式だが、現在、市販品の多くは、祝儀用、不祝儀用ともに5本1組が一般的。豪華なものでは7本1組や、10本1組としてあり、祝儀、不祝儀で差をつけているものは少ない。

機械生産のためと思われるが、考え方として、10は満数（これ以上ない満ちた数）で偶数でも特別な数であるため、あるいは5本を1組として数えるので10本は2組となり、2は夫婦の象徴として好まれるため、といった理由もあるようだ。

一方で、あくまでも祝儀では奇数をよしとし、7本あるいは11本（9は陰陽論ではおめでたい極みとされるが、日本では苦につながるとして避ける傾向にあるため）とし、不祝儀では6本あるいは10本（8は日本では末広がりでおめでたい数とされるため）とする考え方もある。

### ●一度きりを願う「結びきり」何度あってもよいことは「蝶結び」

水引の結び方には、大きく分けて2種類ある。一つは両端を引っ張っても解けない結び方、もう一つは両端を引っ張るとすぐに解ける結び方だ。

前者は「結びきり」と呼ばれ、一度結んだら解けないことから、一度きりを願う祝い事（婚礼関係）、あるいはふたたびないことを願う弔い事の両方に、水引の色を変えて使われる。

輪（わな）が2つ絡まった形の「淡路結び」も結びきりの飾り結びの一種で、使い方は同様。豪華さがあるので、婚礼関係のお祝にはもっぱら淡路結び、あるいはそれをさらに発展させた飾り結びが使われることが多い。

後者は「蝶結び」「諸わな結び」などと呼ばれ、何度あっても喜ばしい祝い事や、一般的な挨拶、御礼などに使われる。こちらは不祝儀に用いられることはない。

### ●向かって右が濃い色。紅白では右紅左白（うこうさはく）が約束

水引の結び方の基本は、祝儀、不祝儀いずれも、向かって右側に濃い色がくるように結ぶこと。祝儀の場合、紅白なら

〈用途別〉水引 熨斗使い 一覧

| 用　途 | 表書き（金封など）の例 | 水　引 |
|---|---|---|
| **婚礼全般**<br>結納　婚礼<br>〔それにまつわる御礼〕など | 寿　御婚礼御祝　御祝<br>御結婚祝　〔御礼、寿〕など | 金銀淡路結び、結びきり<br>紅白淡路結び、結びきり |
| **慶事全般**<br>入学　卒業　栄転　昇進　出産<br>誕生　成人　長寿　新築　結婚記念<br>各種記念行事など | 御○○祝（それぞれ）<br>御祝など | 紅白蝶結び<br>※地方によっては淡路結びが一般的なところもある |
| **普通一般**<br>御礼　薄謝　寸志　粗品　御中元<br>御歳暮　御年賀　御挨拶など | 用途に同じ | 紅白蝶結び<br>※水引のない、紅帯や色帯だけのものを使う場合もある |
| **弔事全般**<br>通夜　葬儀　法事<br>〔それにまつわる御礼〕など | 御霊前　御仏前　御香典<br>御香料　御花料　御供物料<br>〔御礼、御布施(僧侶)〕など | 黒白逆淡路結び、結びきり<br>銀逆淡路結び、結びきり<br>※他に黒銀　黄白などもある<br>※神式では白一色など |

**【補足】**

- 災害見舞や病気見舞、その御返しの快気祝は、紅白の結びきりが使われることもあるが、一般には水引、熨斗の付いていない、紅帯や色帯だけの控えめな金封などを使うことが多い。御餞別も特別な場合（栄転）を除いて同様。
- 市販の祝儀用の金封は、いろいろな色、形の水引細工や和紙細工があしらわれた華やかなものが多くなっている。印刷の水引は紅金、紅銀など。
- 市販の不祝儀用の金封は、水引が逆淡路結びになっておらず、通常の淡路結びになっているものがほとんどである。印刷の水引は、紫銀、紺銀、黄銀、銀一色など。
- 金封の表側の重ね方は向かって左側に合わせ目がくる。
- 地方や宗派によって細かい違いがある。

紅が右（「右紅左白」という）、紅金なら紅が右、紅銀なら紅が右、金銀なら金が右。不祝儀の場合は、黒白なら黒が右、黒銀なら黒が右、紫銀なら紫が右である。

## 【熨斗】

### ●熨斗を付けるのは祝儀のみ

現在、熨斗《のし》といわれているものの起源は熨斗鮑《のしあわび》である。鮑の身を薄く長くむき、さらにこれをのして乾燥させたもので、もともとは儀式用の酒肴であった。「のす」が「延す」につながることから、ご縁が永く続くことを願って、後に和紙で包み、不祝儀以外の贈答品に添えられるようになった。また、鮑は生臭ものなので、それを付けることで不祝儀ではないことを示したともいわれる。

こうした習慣が簡略化された形が、いわゆる折り熨斗であり、熨斗を付けた（印刷した）金封を熨斗袋、掛け紙を熨斗紙といい、熨斗鮑を包んだ和紙の「折形」を熨斗包みという。金封や掛け紙には、祝儀用、不祝儀用の両方があるが、不祝儀用のものに熨斗が付いていないのはこのためである（ただし呼称としては、丁重に贈るという意味で、便宜上どちらも熨斗袋、熨斗紙と呼ばれることが多い）。

なお、金封の裏側の折り返しの重ね方は、祝儀は下からの折り返しを上にして重ね（天に向かって慶びを表わす）、不祝儀では上からの折り返しを上にして重ねる（下向きに頭を垂れて悲しみを表わす）のが約束。掛け紙は、天地をそのままに贈答品を裏返した時に、向かって右側が上になるように重ねたものが慶事掛け、向かって左側が上になるように重ねたものを弔事掛けといって区別している。

1 結びの基本

# 淡路結び

その1

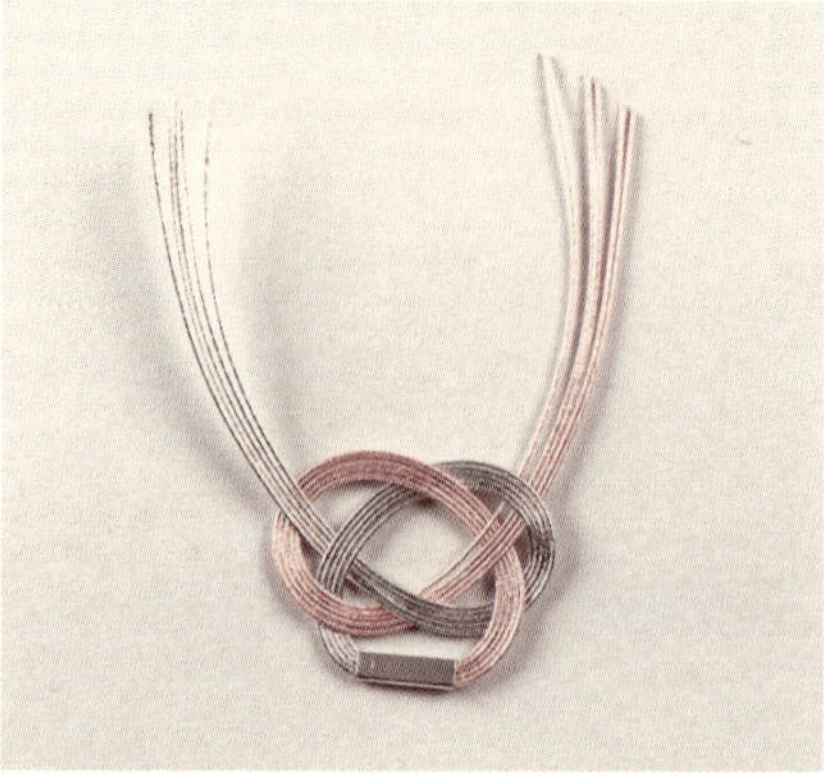

鮑結《あわびむす》びともいわれる。両端を引いても解けないことから、「一度きりに」との願いを込めて、婚礼や結納などに使われる。「結びきり」（106頁）の飾り結びの一種。

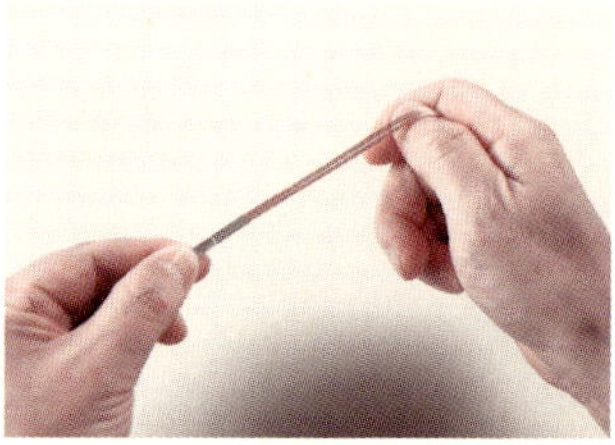

**1** 金銀染め分けの水引を使う。右を金にして持つ。

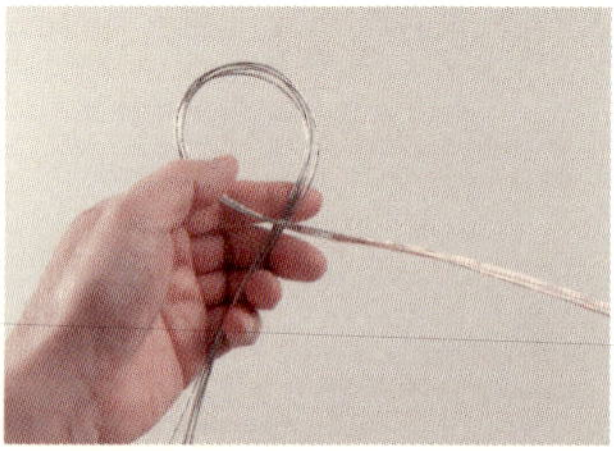

**2** 右手を手前に持ってきて、まず銀の輪を1つ作る。

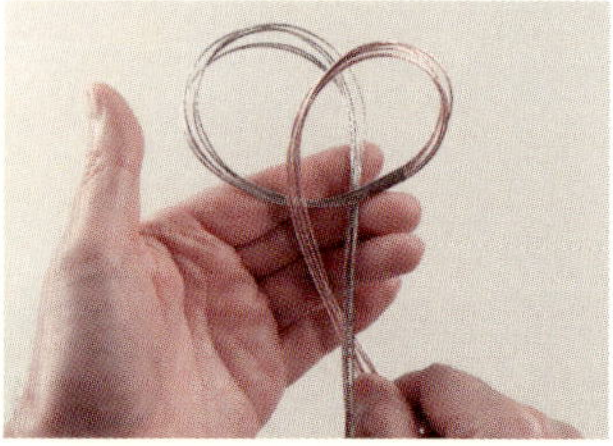

**3** 同様にして金の輪を作り、銀の輪に重ねる。

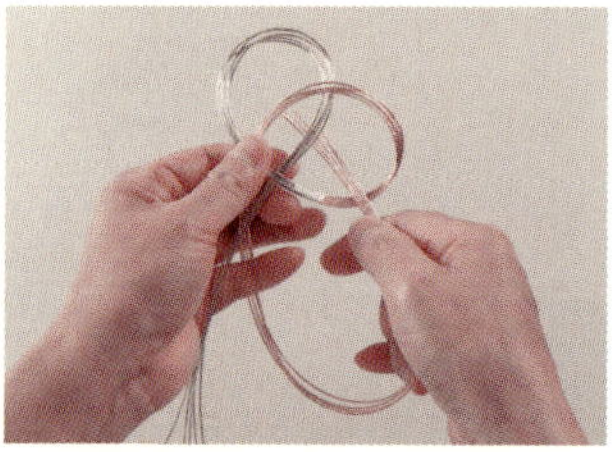

**4** 銀の下を通して金を右側へ回し、先端を右の金の輪に上から通す。

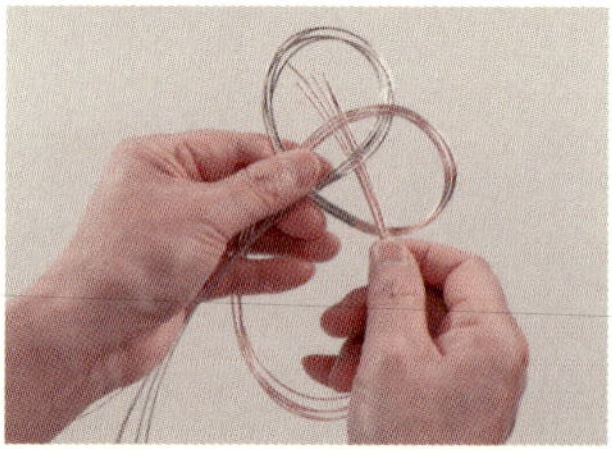

**5** 続いて、2つの輪の重なり部分に、下から通す。

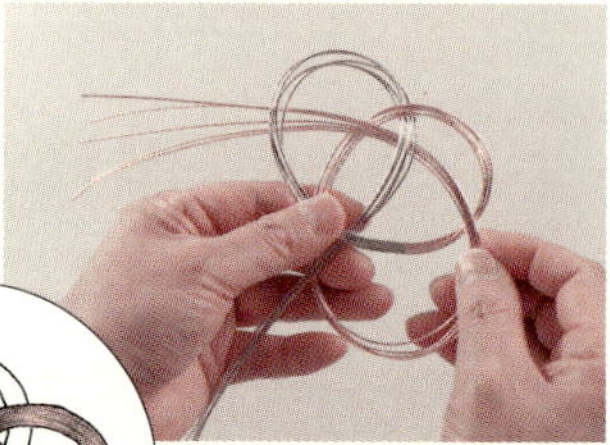

**6** 続いて、左の銀の輪に上から通す。

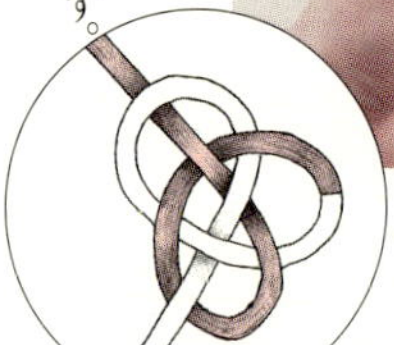

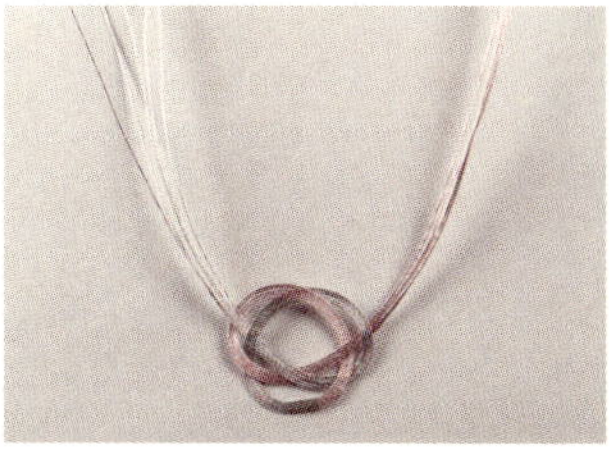

**7** 金、銀の両端を引っ張ると、淡路結びの形になっている。

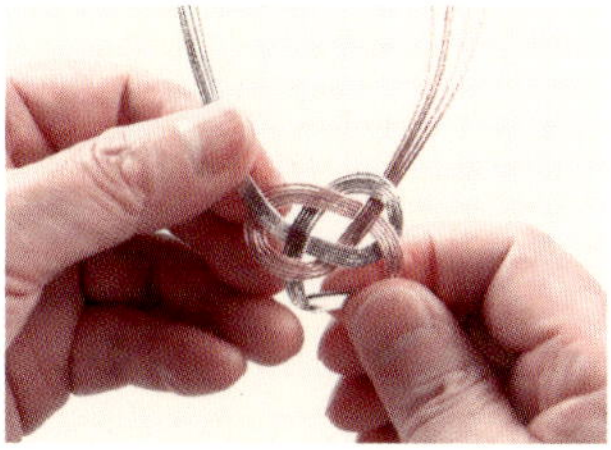

**8** ねじれや重なりを直し、金銀の位置を整えて完成。竹串を使うとよい。

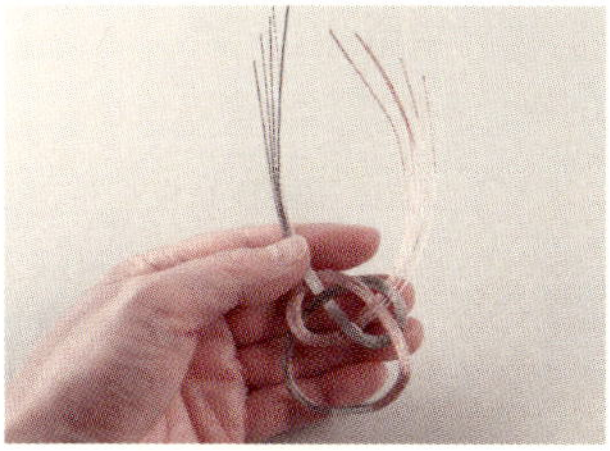

**9** 下の輪の部分を大きく整形するとこうなる。輪の部分に箸包みを通す。

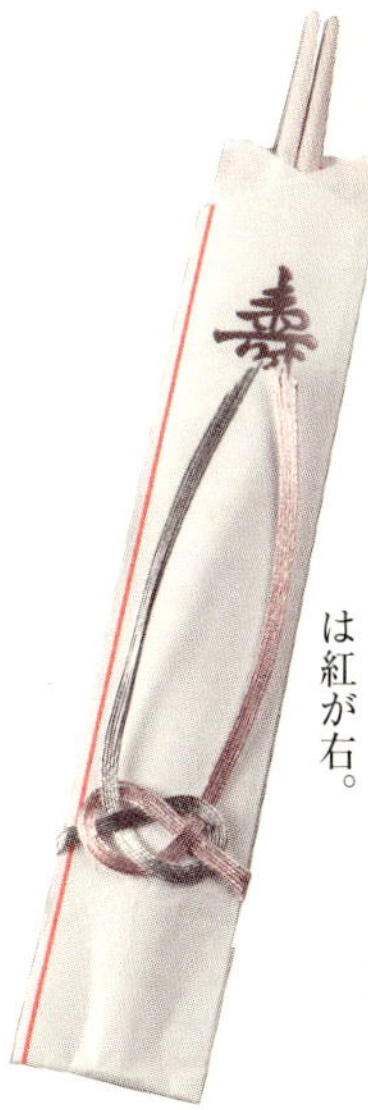


水引を掛けた婚礼用の箸包み。金銀の水引は金が向かって右にくるのが決まり。紅白の水引の場合は紅が右。

**※水引の扱い**

水引は通常、数本を合わせて使う。本来、祝儀では5本、7本、9本などの奇数、不祝儀では6本、8本などの偶数が使われるが、市販品ではともに5本、あるいは10本としていることが多い（１００頁参照）。自分で作る場合は、裏側からセロテープで仮止めしておくと作業がしやすい。写真は5本を合わせたもの。なお、染め分けの水引が入手できない時は、2色の水引を糊やテープでとめて使うとよい

## 水引に巻き形をつける

祝儀の水引飾りの装飾で、水引にらせん状のクセをつける方法。ちり棒と呼ばれる水引細工専用の棒（先端が筒状）の穴に水引の端を入れ、クルクルと巻き付けてすっと引き抜く。写真は5本合わせた水引の、金は3本、銀は2本に巻き形をつけた例。鰭飾《ひれかざ》りや酒器飾りなどに使って華やかさを演出する。

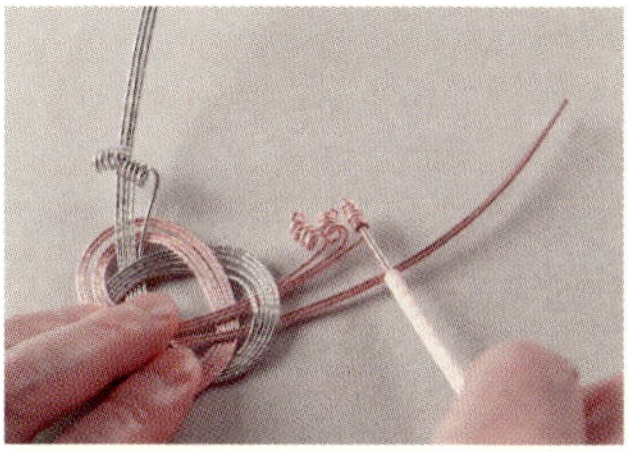

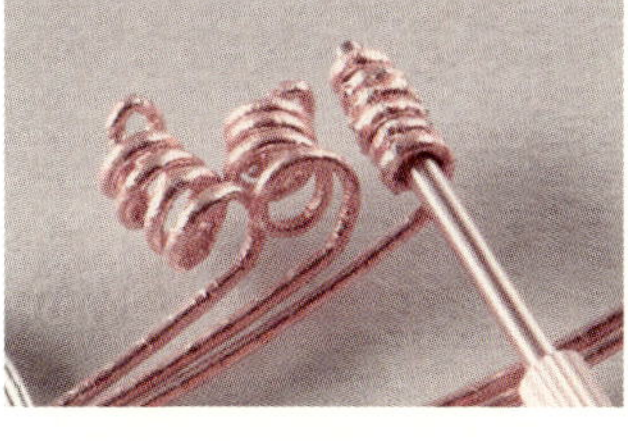

1 結びの基本

# 淡路結び その2

その1（102頁）は、水引だけで結んで形を作る方法。その2は、祝儀袋や箸包みなどに水引を掛けて結んでいく方法。淡路結びは多くの水引細工の基本になる。

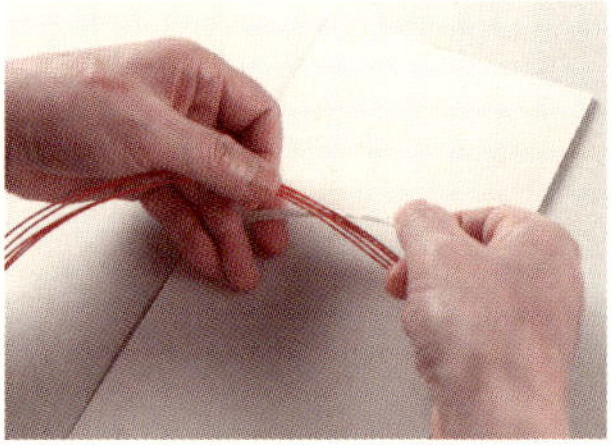

**1** 紅白染め分けの水引を、中心を合わせて掛ける。

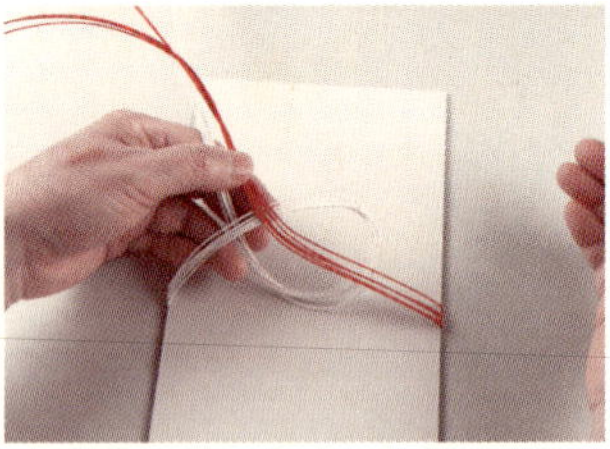

**2** 表から見て向かって右が紅。左の白で輪を1つ作り、右の紅を、白の輪の基点部分に上から交差させる。

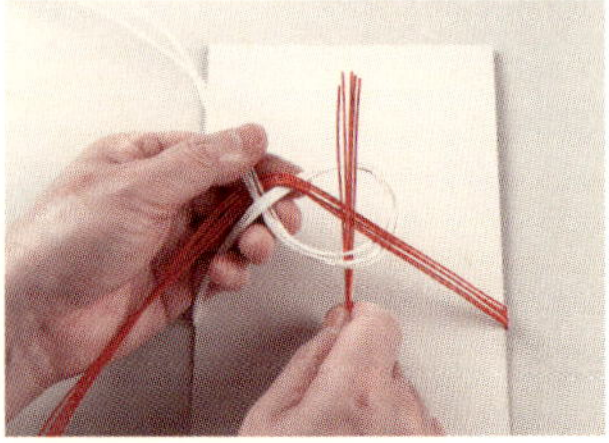

**3** 白の下、続いて白の上を通って、紅を右側へ持っていき、白の輪に下から通す。

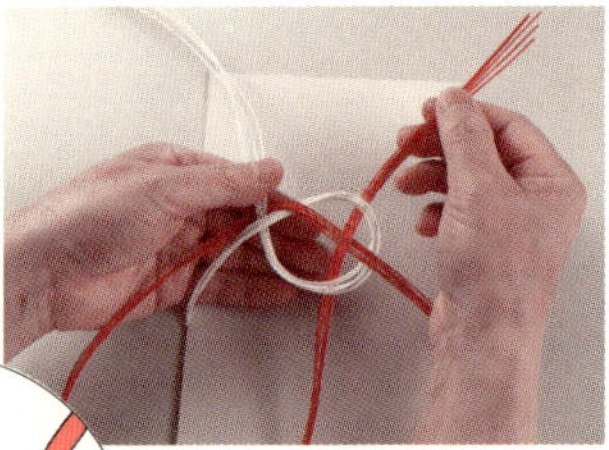

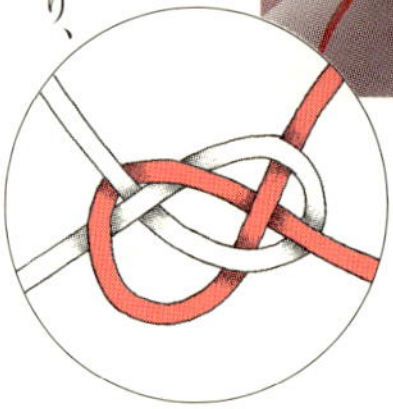

**4** 紅の上をまたがせて、白の輪に上から通す。両端を引っ張り、形を整える。

婚礼などの祝い金を入れる祝儀袋。熨斗を付けることから熨斗袋ともいわれる。「一度きりに」の願いを込め、両端を引っ張っても解けない淡路結びの紅白の水引を掛ける。祝い事では向かって右が紅。

1 結びの基本

# 逆淡路結び

祝儀用の淡路結びと水引の重なり方が逆になる逆淡路結び。このほか、淡路結びの左側の先端を上向き、右側の先端を下向きに結んだものも、逆淡路結び、仏事結びなどと呼ばれる。

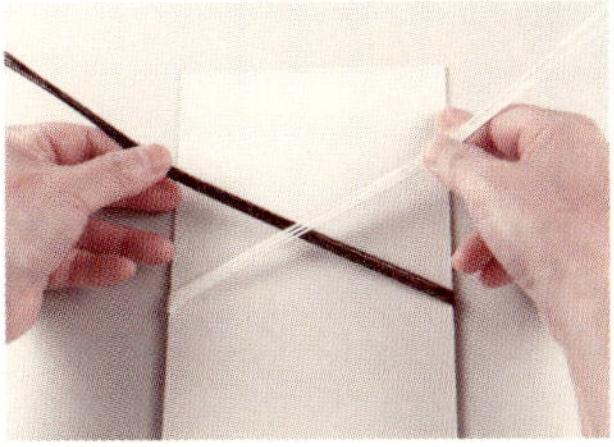

**1** 黒白染め分けの水引を、中心を合わせて掛ける。

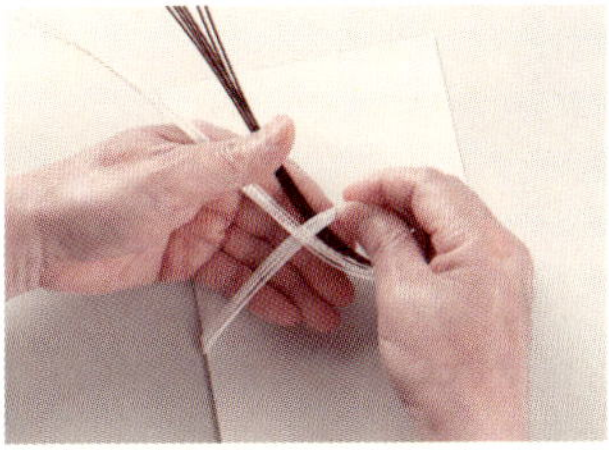

**2** 表から見て向かって右が黒。左の白で輪を1つ作り、右の黒を、白の輪の基点部分に下から交差させる。

**3** 白の上、続いて白の下を通って、右側へ持っていき、黒を白の輪に上から通す。

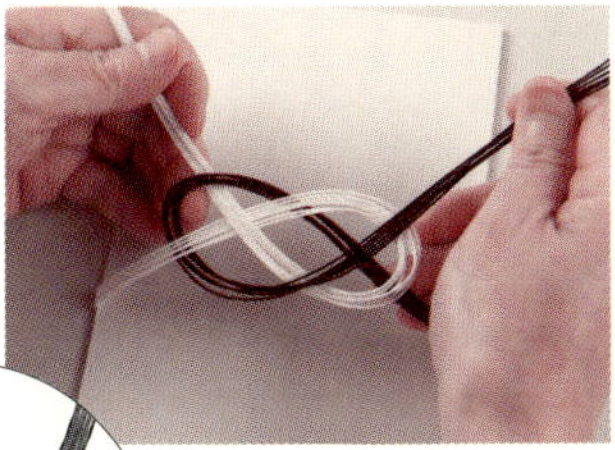

**4** 黒の下をくぐらせて上に引き出す。両端を引っ張って、形を整える。

葬儀の香典などを入れる不祝儀袋。「ふたたびないように」との願いを込めて、両端を引いても解けない逆淡路結びの黒白の水引を掛ける。不祝儀では向かって右が黒で、「延す」につながる熨斗は付けない。

1 結びの基本

# 結びきり

両端を引いても解けないので、「一度きりに」という想いを込め、色によって祝儀、不祝儀どちらにも使われる結び方。こま結び、真結び、本結びなどとも呼ばれる。

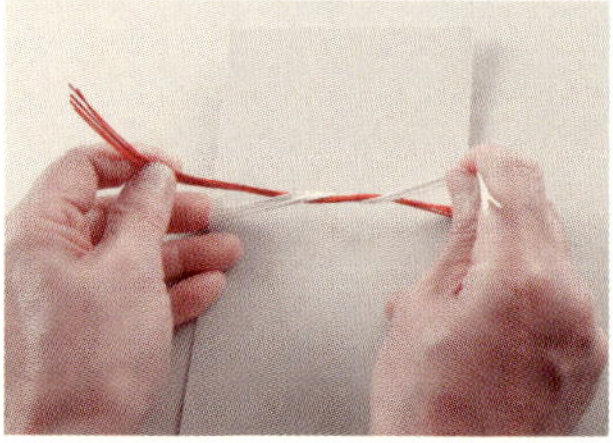

**1** 向かって右が紅。左の白を上にして交差させ、向こうから紅に通して結ぶ。

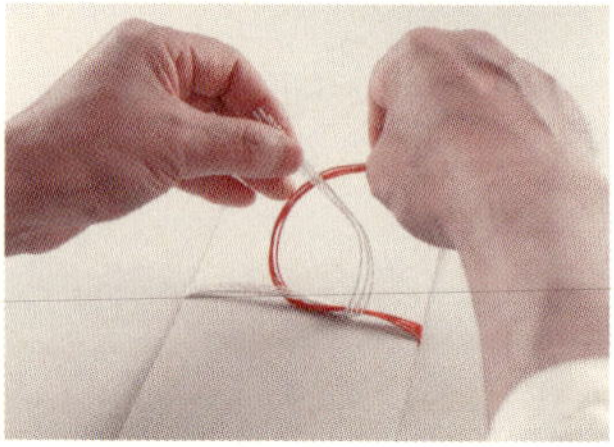

**2** 右にきた白を紅の上に重ねて交差させ、輪を作る。

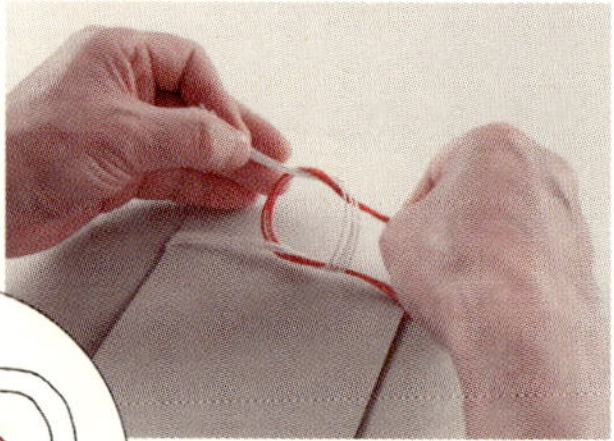

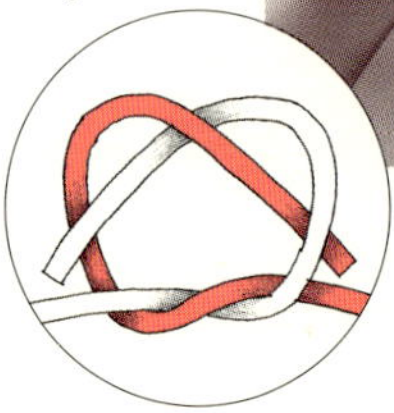

**3** 輪の中に白を向こうから通し、もう1回結ぶ。

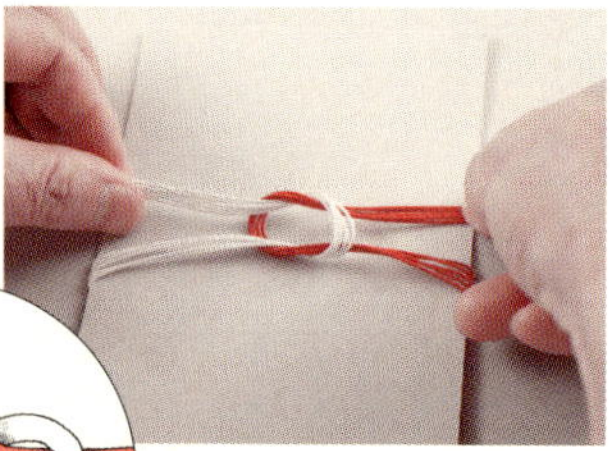

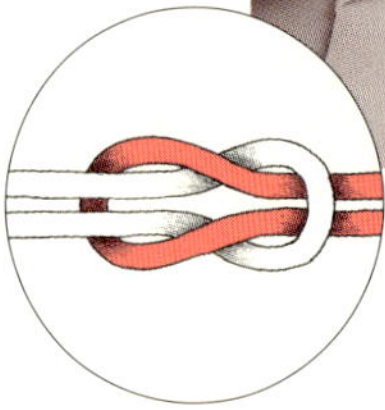

**4** 紅白の両端を引っ張りながら形を整える。

結びきりの紅白の水引を掛けた祝儀袋。淡路結びと同様、婚礼、結納などの「一度きり」の祝儀に使う。また、黒白の水引の結びきりは、不祝儀全般に使うが、熨斗は付けない。

1 結びの基本

# 蝶結び

両端を引くと解ける結び方で、「何度でもあるように」との願いを込めて、一般の祝儀に幅広く使われる。束ねた輪（＝わな）が2つあるので、諸《もろ》わな結びともいわれる。

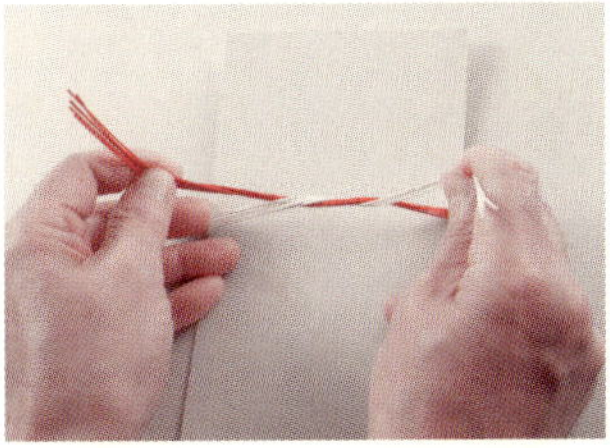

**1** 向かって右が紅。左の白を上にして交差させ、向こうから紅に通して結ぶ。

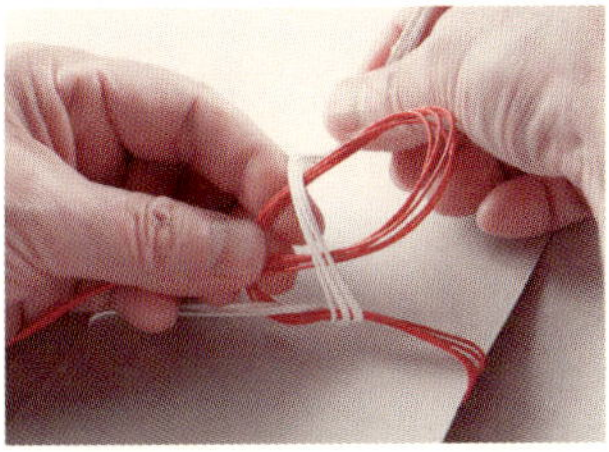

**2** 左の紅で輪を作る。その輪の根元を白でぐるっと巻き込む。

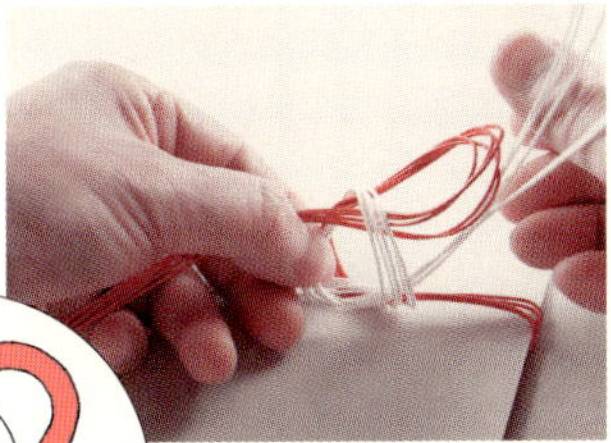

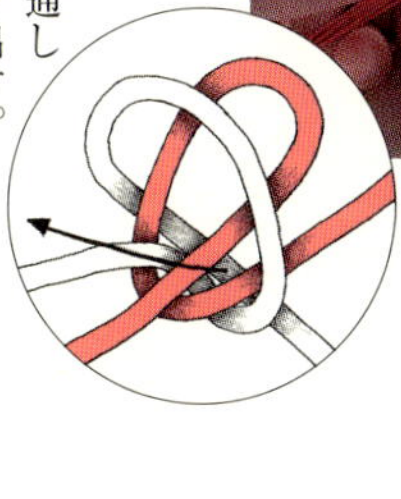

**3** 根元にできた白の輪にその先の白を輪にして通し左手で引っ張り出す。

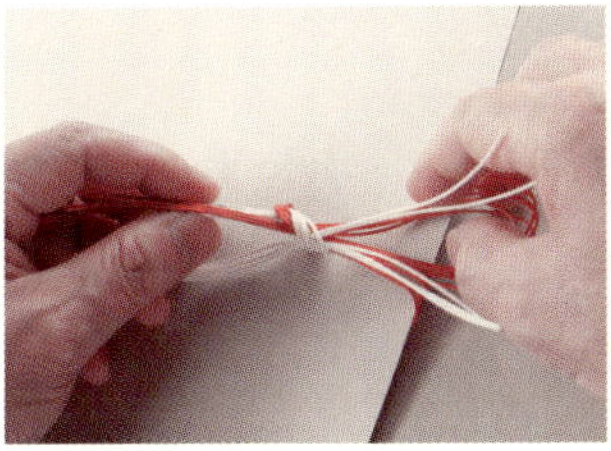

**4** 引っ張って、左右対称になるように形を整える。

蝶結びの紅白の水引を掛けた祝儀袋。長寿、出産、栄転、入学、受賞など、「何度あっても喜ばしい」祝い事全般や御礼、挨拶などにも使う。婚礼、結納には、「何度もある」ことは縁起が悪いので使わない。

2 箸包み

# 箸包み3種

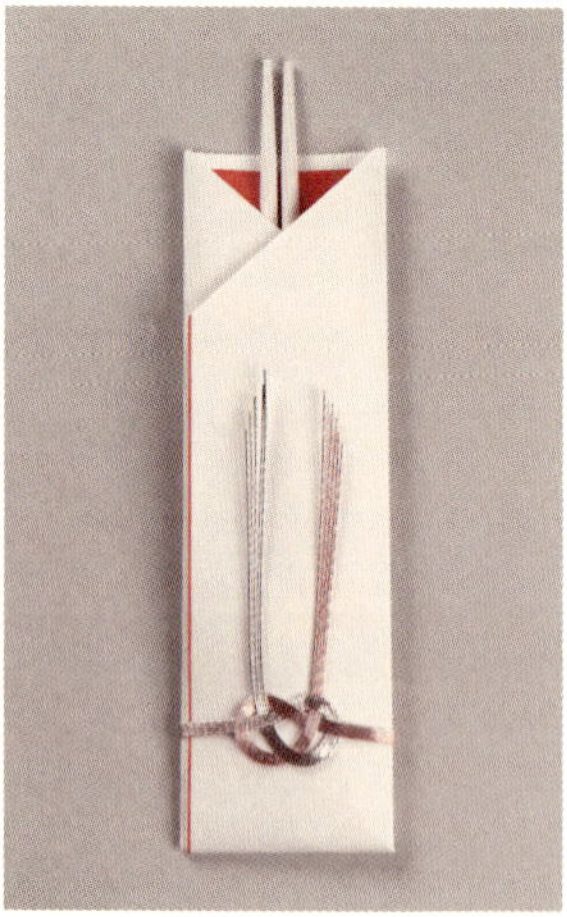

開口部を着物の襟合せのように斜めに重ね、紅色の紙を見せた華やかさのある箸包み。典型的な祝箸《いわいばし》用の「折形」。

**※折形**（おりかた）
贈り物や飾り物などを包む際の和紙の折り方や作法を定めた規範。もともとは武家の礼法から生まれたといわれるもので、さまざまな流儀があり、「折形（おりかた）」として代々受け継がれてきた。今日の和紙使いにも、いろいろな形でその伝統が生かされている。

**1** 片側の長辺を紅く色づけた（または紅の紙を貼った）奉書紙を用意。

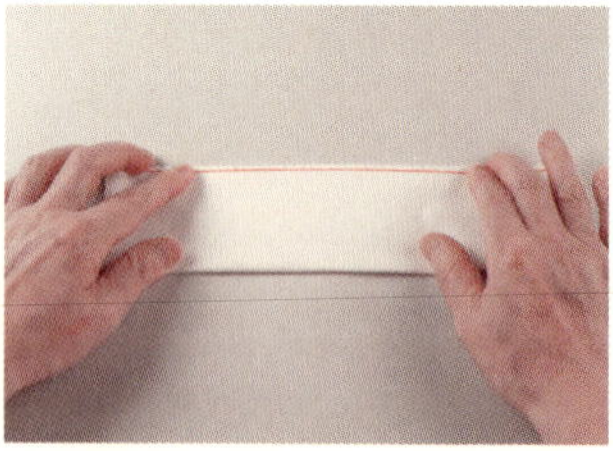

**2** 紅色のラインが向かって左側に出るように三つ折りにする。

**3** 三つ折りにした真ん中に、上を1～2㎜あけて、小さな紅い紙を糊で貼る。

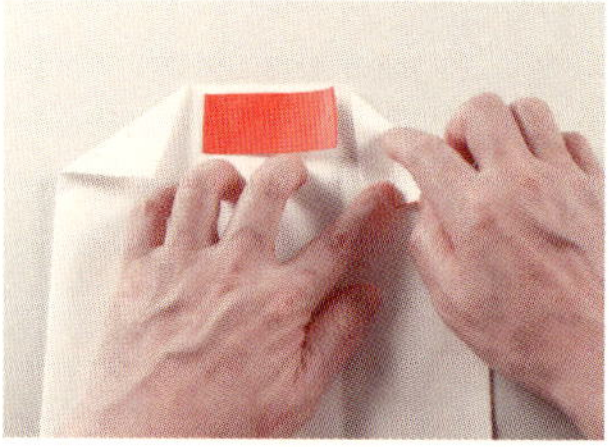

**4** 左右の角を三角に折る。左右対称になるように。

**5** 紅色の三角形がきれいに出るように三つ折りにする。

**6** 裏返して、箸の長さに合わせて下部を折り返す。

◆ここで使った奉書紙の大きさは25㎝×15㎝、小さな紅の奉書紙は5㎝×2㎝。

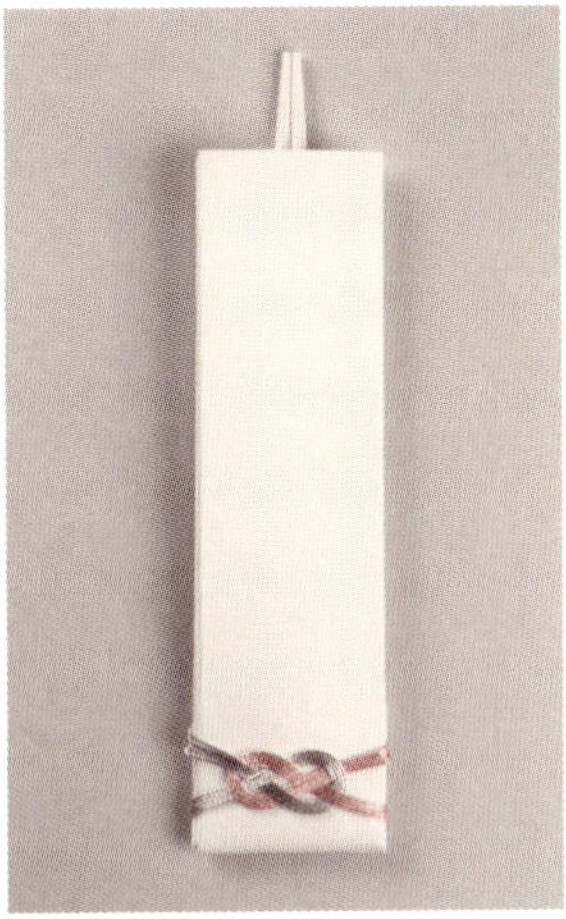

上質の奉書紙を三つ折りにしただけのシンプルな箸包み。淡路結びの金銀の水引は、跳ね上げの部分を後ろ側にまわして折り返しの下でとめ、輪の部分を折り返しの上に掛けてとめてある。

**1** 適切な大きさの奉書紙を用意する。奉書紙はザラザラしたほうが裏。

**2** 向かって右がわになるように、三つ折りにする。

**3** 裏返して、箸の長さに合わせて下部を折り返す。

**※箸包みの置き方**

もともとは、開口部を上に向けて（わが右）、膳の右側に、縦にまっすぐに置くのが正式とされたが、取り出しやすいようにとの配慮から、現在では膳の手前に開口部を右にして（わが手前）置くのが一般的である。ただし、流儀や地方によって細かい違いがあるので注意が必要。

京都式

開口部を下にして（わが右）、膳の右側に、縦にまっすぐに置くのが京都式の箸包み。不祝儀の箸包みには黄白《きしろ》の水引を掛けるなど、京都には独特の伝統がある。

もっとも古い公式の「折形」といわれる三角形の箸包み。金銀の淡路結びの輪の部分に真っ白な箸包みを入れて飾り、神聖かつ華やかな雰囲気に。

**1** 適切な大きさの和紙を用意する。ここでは16㎝×18・5㎝。

**2** 裏を上にしておき、半分に折る（下がわ）。

**3** 仕上がりが二等辺三角形になるようにあたりをつけた後、左側を折る。

**4** 右側も同様に折る。向かって右側が上に重なっているように。

**5** 裏返して、下側の先端を少し折り返す。

3 紙掻敷

# 鶴掻敷

料理や飾り物の敷き紙として使われる紙掻敷《かみかいしき》。とくに縁の紅い四紅紙《しこうし》は祝儀の席にふさわしい。これを鶴の形に折ることで、おめでたい雰囲気をさらに盛り上げる。

1 適切な大きさの四紅紙を用意する。まずきっちりと三角に折る。

2 中心線を基点にして、両サイドを左右対称に、適当な幅の三角に折る。

3 裏返す。右側の角を先に折った三角のラインに重ねるように三角に折る。

4 折り返した部分の先端を斜めに折り、鶴の頭に見立てる。

3 紙掻敷

# 天紙

天紙《てんし》（天ぷらの敷き紙）の折り方は、祝儀と不祝儀で逆になる。まず、わが手前になるように半分に折り、祝儀用は左下の角を右に向かって折り上げ、不祝儀用は右下の角を左に向かって折り上げるのが習いとされている。

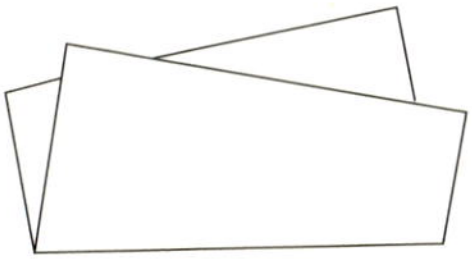

祝儀

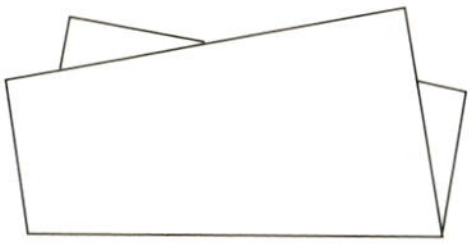

不祝儀

4 酒器飾り

# 雄蝶飾り

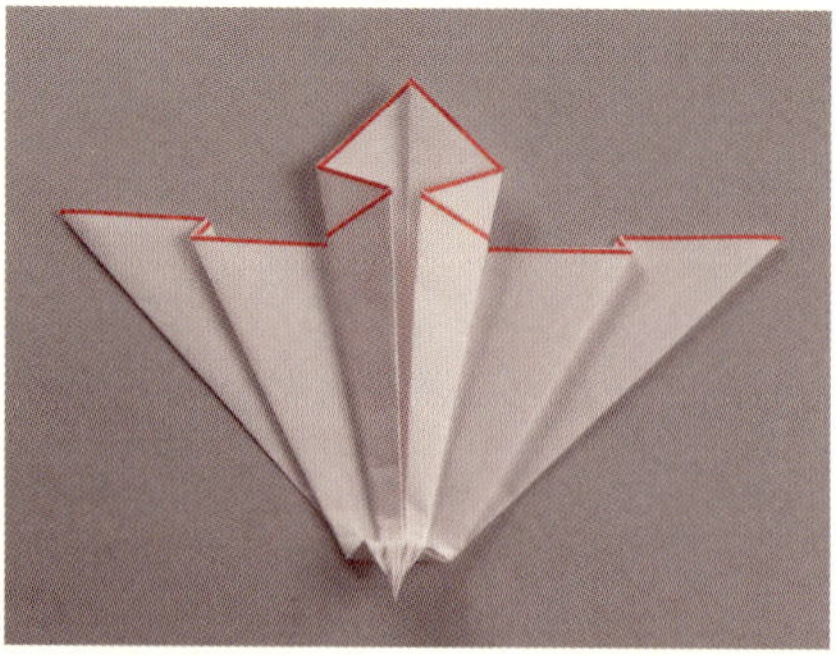

婚礼の儀式で銚子《ちょうし》や提下《ひさげ》、燗《かん》鍋《なべ》などの酒器に付ける和紙の飾り。蝶や熨斗《のし》を形どった水引細工をあしらって、雄蝶《おちょう》と雌蝶《めちょう》を作り、これを夫婦に見立てて一対《いっつい》で使う。銚子飾りともいわれる。

**1** 四紅紙を外表《そとおもて》に両方の対角線で折り、開いて中表《なかおもて》に四角半分に折る。

【酒器飾りの基本の三角形】

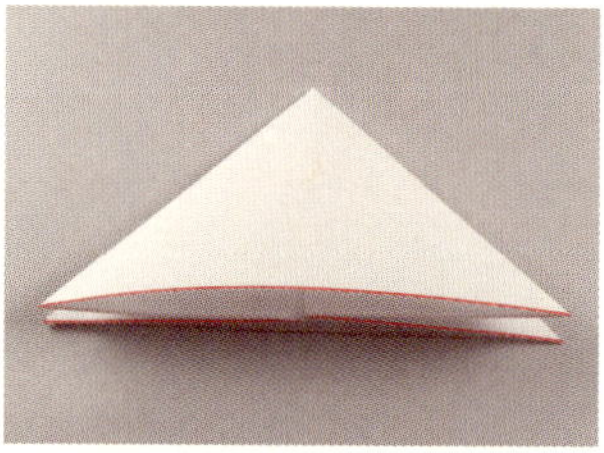

**2** 開いて、1でつけた印に沿って、外表に写真のような三角に折る。

**3** 頂点を下にして、両サイドの上の1枚を中心線に沿うように三角に折る。

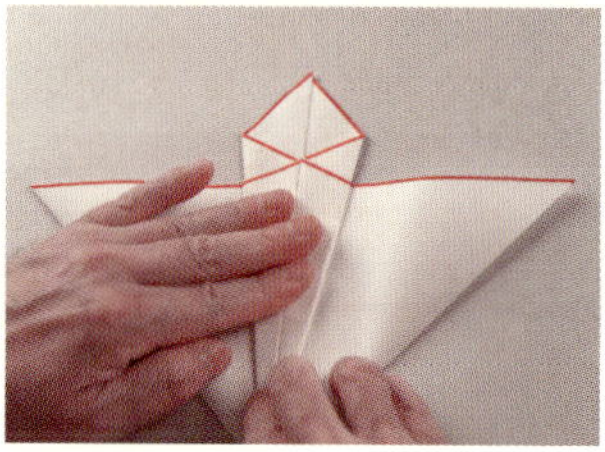

**4** 真ん中の三角を、それぞれさらに中心線に向かって半分に折る。

**5** 裏返したところ。

**6** 両サイドを、表側の三角の端のラインに沿わせるように折る。

**7** 折った部分を、左右それぞれ、少しひだをつけて折り返す。

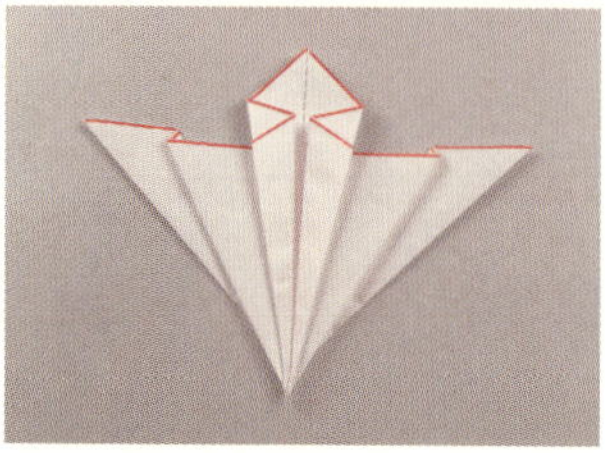

**8** 表側に返し、頂点を三角に折り、さらに三角に折り返し、蝶の頭を作る。

# 雌蝶飾り

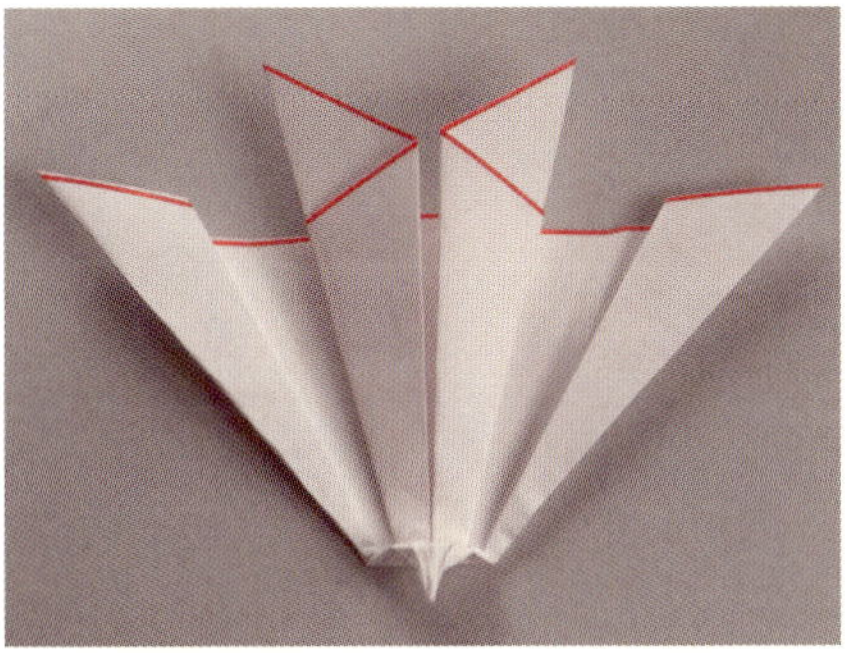

右頁の雄蝶飾りは中心線が山であるのに対して、雌蝶飾りは中心線が谷。また、両サイドのひだの折り方も、雄蝶は中央部が山、雌蝶は谷となっている（雄蝶、雌蝶ともに、ひだの中央部を谷にした折り方もある）。

**1** 基本の三角形（112頁）を、頂点を下にして、左右から均等な幅に折る。

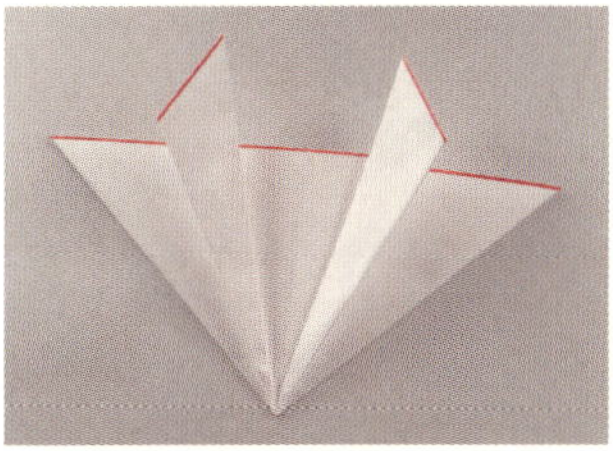

**2** 開いて、その折り目まで左右から三角に折る。

**3** 中心線まで左右から三角に折る。

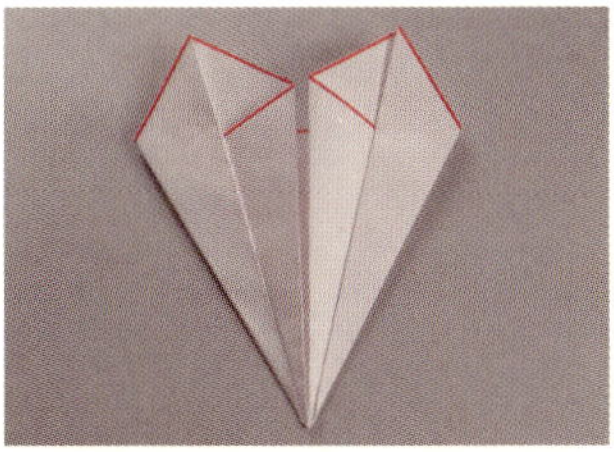

**4** 下のもう1枚を、3の三角の端のラインに沿うように左右から折る。

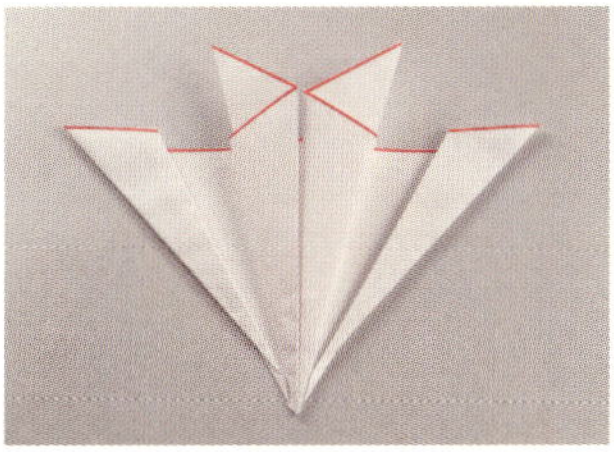

**5** 4を少しひだをつけて左右に折り返す。頂点を三角に折って頭を作る。

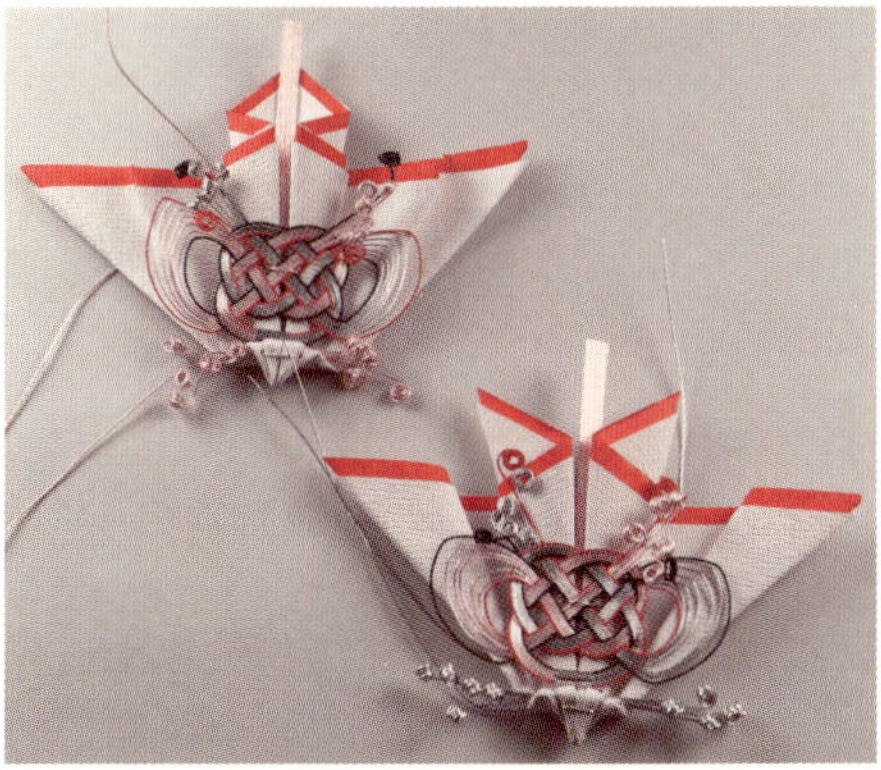

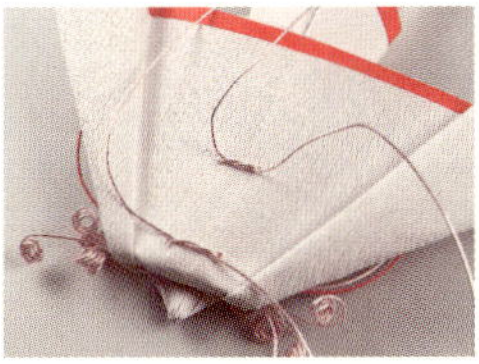

頭の部分をとめるようにして水引細工の蝶をぬい付け、水引細工の熨斗を真ん中に差し入れて完成。写真は檀紙で折った蝶飾り。

## 4 酒器飾り

# 屠蘇飾り

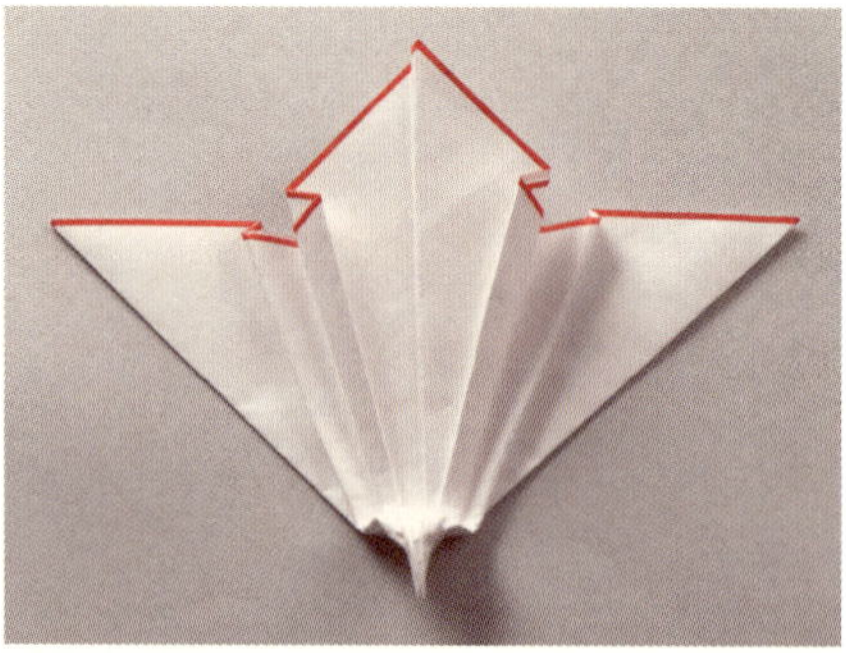

正月の屠蘇器に付ける銚子飾り。雄蝶飾りに分類される「折形」の一つ。銚子飾りはもともと、薬包紙（胡椒や山椒、唐辛子、薬などを包んだ）の「折形」から発展したとされる。

**1** 雄蝶飾りの1〜3（112頁）までを同様に折る。

**2** 真ん中にできた三角をそれぞれ端から少し折る（半ばくらいまで）。

**3** 下のもう1枚を左右から、2の真ん中の三角の形に沿わせて折る。

**4** 2で折った部分の内側のラインに折り目を合わせて、折り返す。

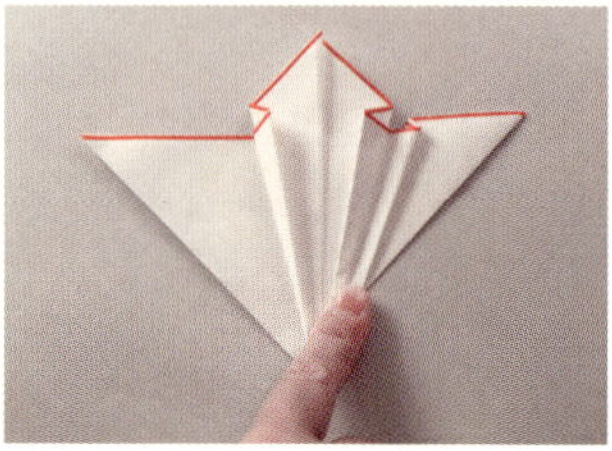

**5** 4の折り目を持ってそれぞれ外側に少し折る。頭の部分を三角に折る。

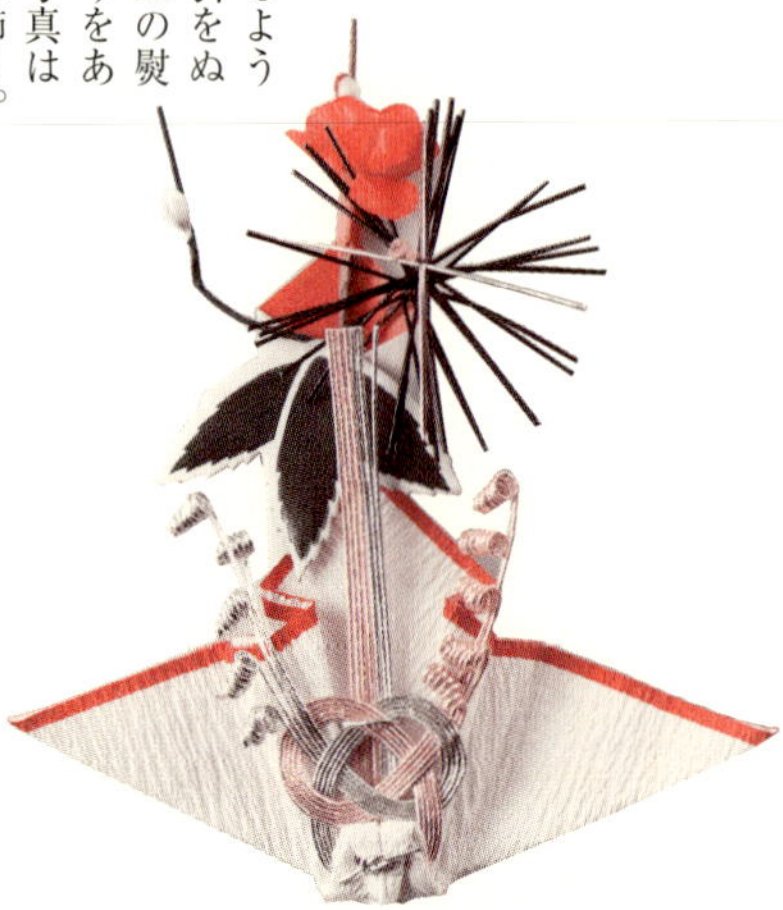

頭の部分をとめるように淡路結びの水引をぬい付け、水引細工の熨斗と松竹梅の飾りをあしらって完成。写真は檀紙で折った屠蘇飾り。

## 5 熨斗

# 折り熨斗

四紅紙《しこうし》や紅色の奉書紙などを使って折った折り熨斗《のし》。丁重に、謹んで贈る気持ちを込めて、進物などに添える。中に、熨斗鮑を模した細長い紙を差し入れるのが通例。

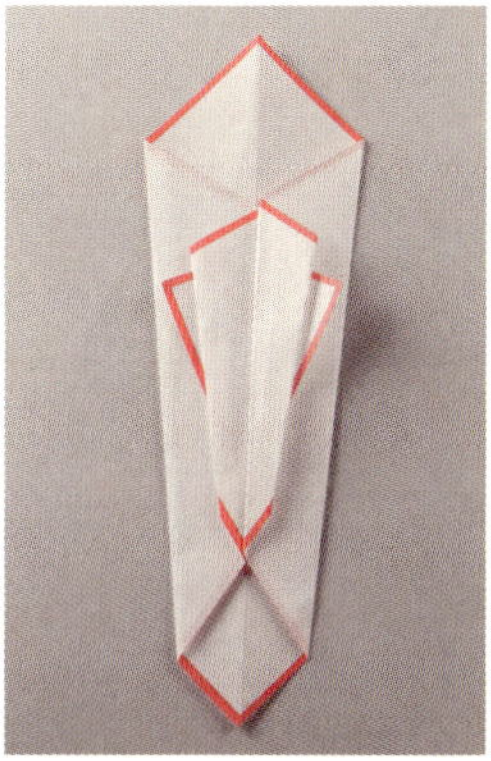

**1** 四紅紙に、折りやすいようあらかじめ印をつける（図参照）。

**2** まず、①で中心側に折って④を中心線に重ねる。②で外側に折り返す。

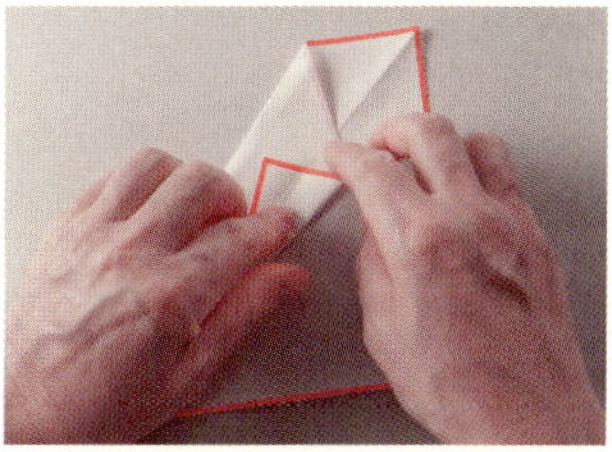

**3** ③でまた中心側に折り返し、次に中心線上の④で外側に折り返す。

**4** 反対側も⑤、⑥、⑦、⑧の順に同様に折る。

**5** できあがり。四紅紙の紅のラインが揃っていることがポイント。

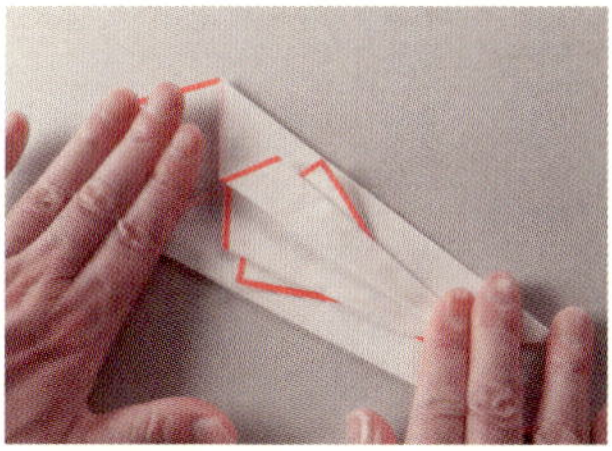

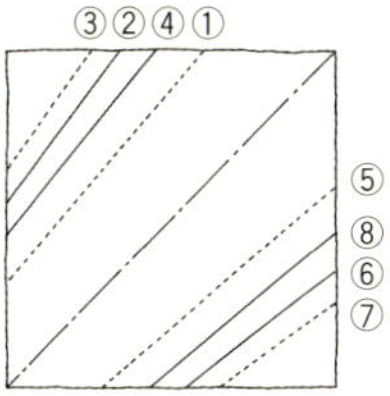


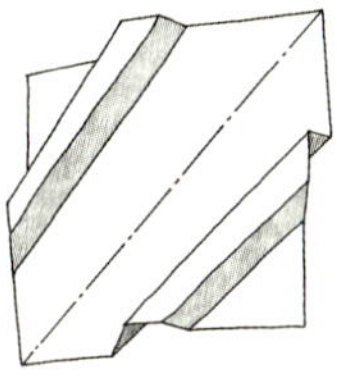

あらかじめ折る位置に印を入れておくと、きれいに手早く仕上がる。実線は山折り、点線は谷折り、番号は折る順。

表が紅、裏が白の和紙、あるいはそのように紅白の和紙を重ねたもので折った熨斗。熨斗鮑を模した細長い薄茶色の薄紙を中に差し入れ、糊で軽くとめておく。

5 熨斗

# 熨斗包み

贈答品などを、丁重に差し上げるという気持ちを込めて和紙で包む際の「折形」の一つ。他にもたくさんの形がある。現代では、結納品や祝儀袋などに使われることが多い。

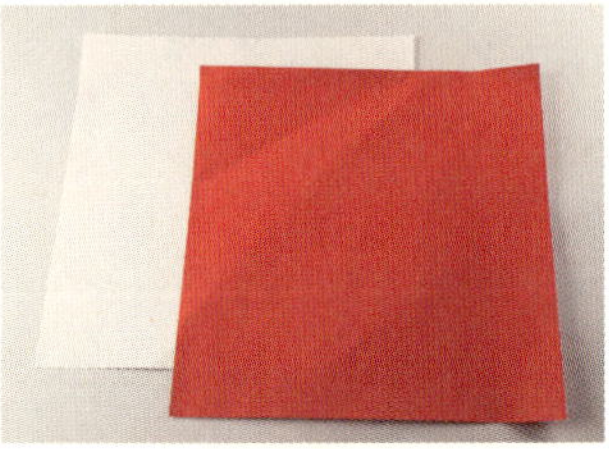

**1** 紅と白の同じ正方形の奉書紙を用意し、紅を上に、外表《そとおもて》にして重ねる。

**2** 包む物の大きさに合わせて（台紙を使うとよい）片側をまっすぐに折る。

**3** 中心線で内側に折り返し、折り目をつけてから、もとに戻す。

**4** 先端から折り目まで三角に折り、1㎝くらいのひだを作って折り返す。

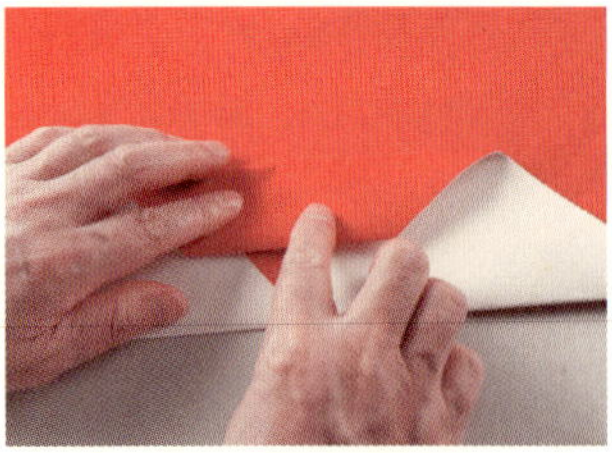

**5** 3の折り目から折り返す。

**6** 片側のできあがり。以下、反対側をイラスト①②③④のように4回折る。

**7** 写真7は③の場面。④のあとが写真8。

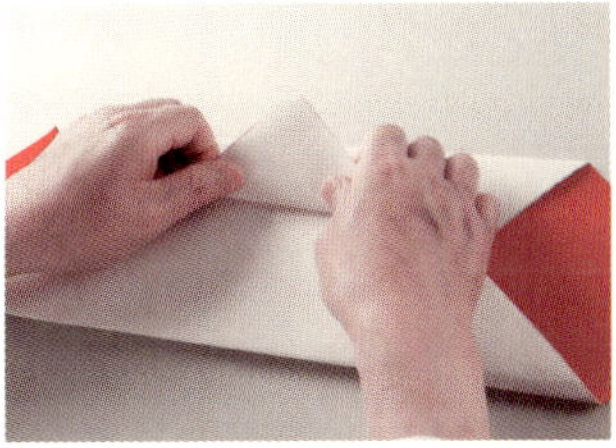

**8** ②は中心線より少し内側。この折り目と中心線の間が反対側と重なる。

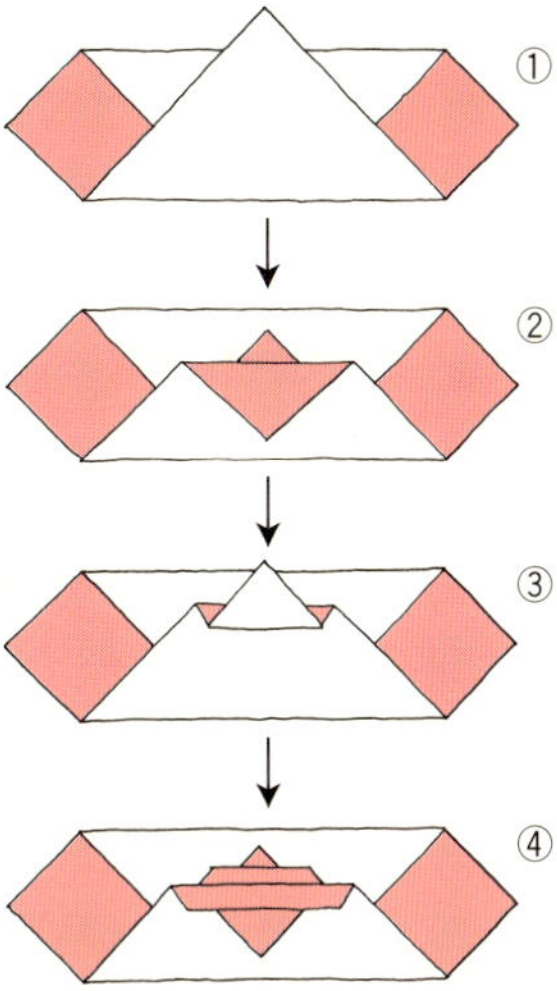


**9** さらにイラスト⑤⑥⑦⑧のように4回折る。写真9は⑦の場面。

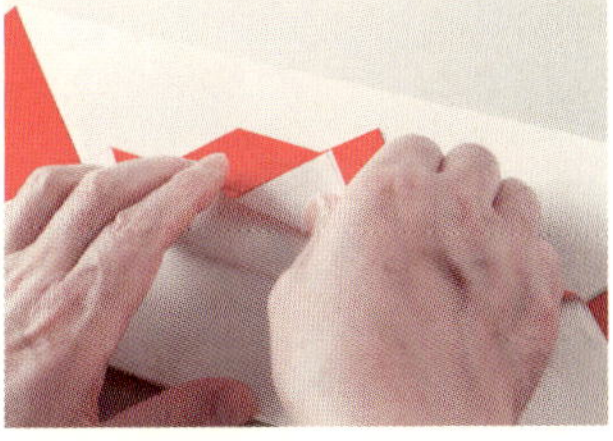

**10** 写真10は⑧のあと。中心には1〜2㎝の重なりがある。

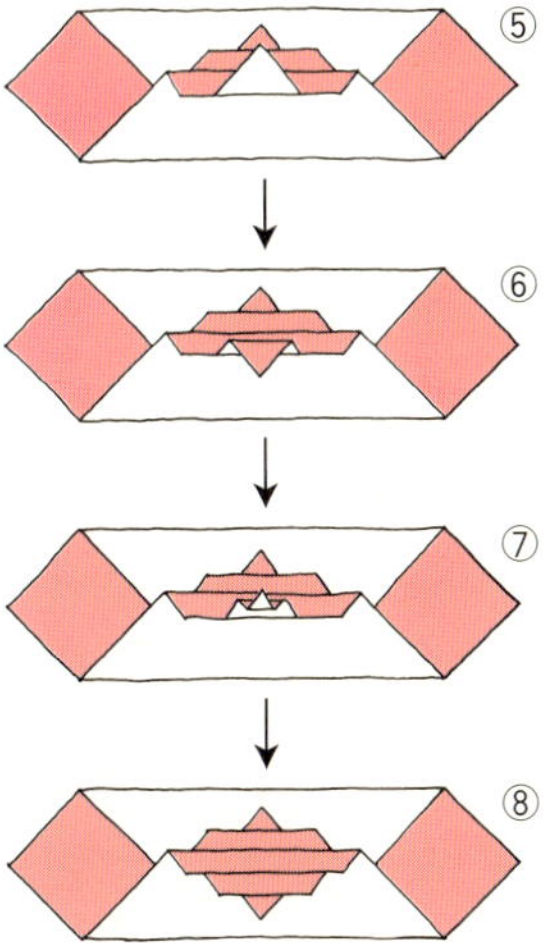


**11** 両側を折り終えた状態。結納品などにこの状態で使うこともある。

**12** 裏返し、適宜に上下を折り返す。祝儀では下の折り返しが上に重なる。

◆ここで使用した紙は約33㎝四方。おめでたいことには紙を重ねて使うのがよしとされることから、紅と白の奉書紙を重ねて使ったが、表が紅、裏が白の紙を使って折ってもよい。

6 鰭飾り

# 胸鰭飾り

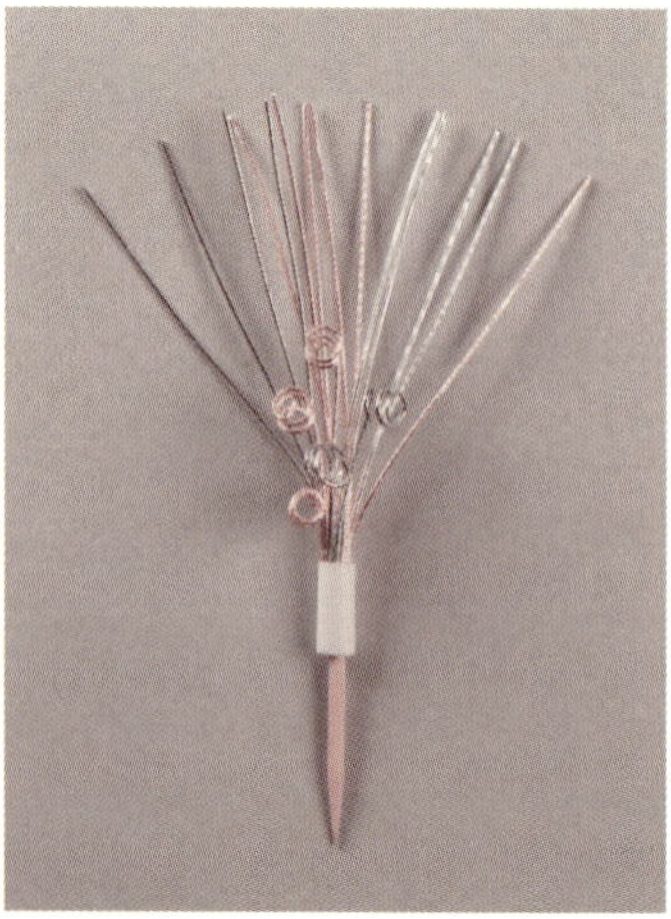

鯛の姿焼きを祝いの趣向に装う飾りの一つ。金銀の水引で作り、胸鰭の付け根に差して、華やかさを演出する。口につけることもあり、その場合は「潮吹き」と呼ばれる。

1 太めの竹串を用意（ここでは約6㎝）。金と銀の水引を十数本、適宜の長さに切る（ここでは金10本、銀9本を約12㎝に）。

2 重ならないように並べてテープでとめ、竹串に巻きつけて、帯状の白の和紙でとめる。数本に巻き形をつけて完成（103頁参照）。

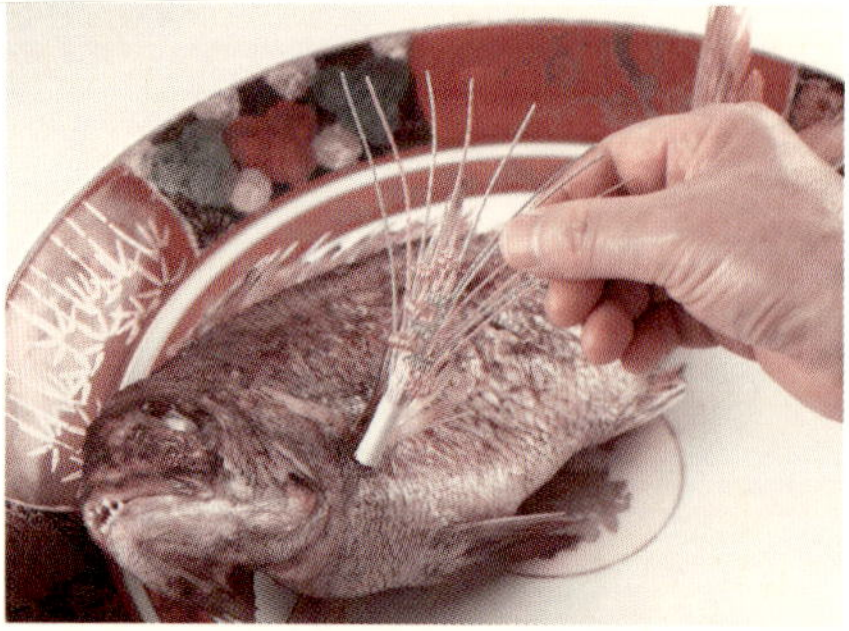

姿焼きにした鯛の、胸鰭の付け根のところに差し入れ、水引をきれいに開いて形を整える。

6 鰭飾り

# 尾鰭飾り

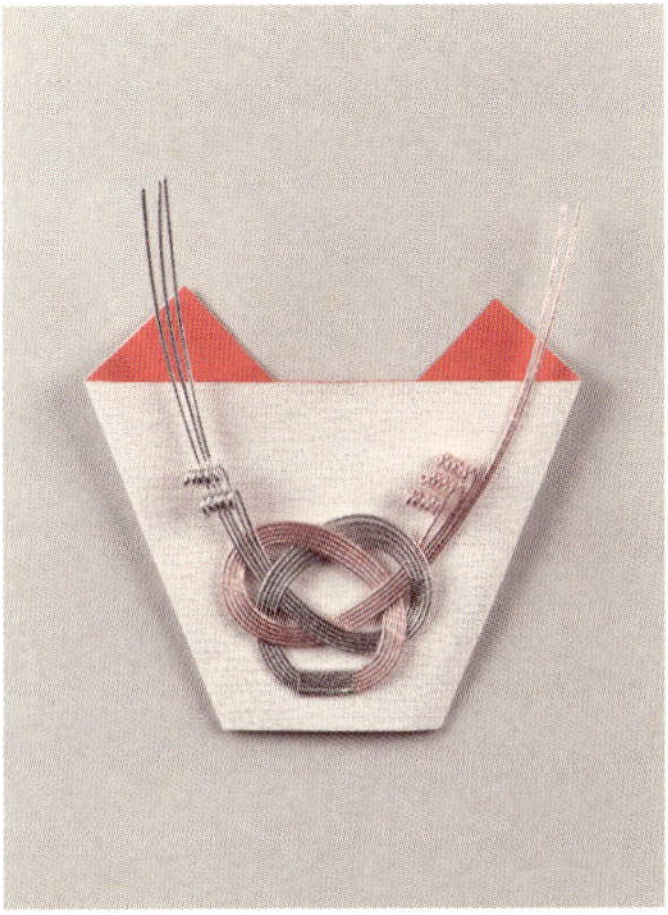

鯛の姿焼きの尾鰭《おひれ》に付ける紙の飾り。紅白の和紙を合わせて作り、尾鰭を包んで祝意を表わす。尾紙《おがみ》ともいい、金銀の水引の淡路結びを貼り付けるのが定番。

◆ここで使った和紙は19×8.5㎝。鯛の大きさに合わせて用意する。表が紅、裏が白の紙で折ってもよい。

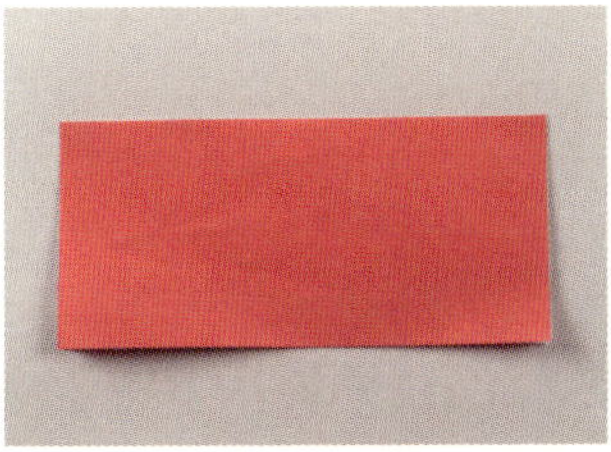

1 紅と白の同じ大きさの長方形の和紙を用意する。

2 紅を上にして外《そと》表《おもて》に重ねる。左側から斜めに折る。

3 右側からも同様に折る。紅白の紙は1箇所糊付けしておくとやりやすい。

4 裏返したところ。真ん中に金銀の淡路結び（102頁参照）を貼り付ける。

ぴんと立てて焼き上げた尾鰭を、ふわっと軽く包むように巻く。

6 鰭飾り

# 糸掛け

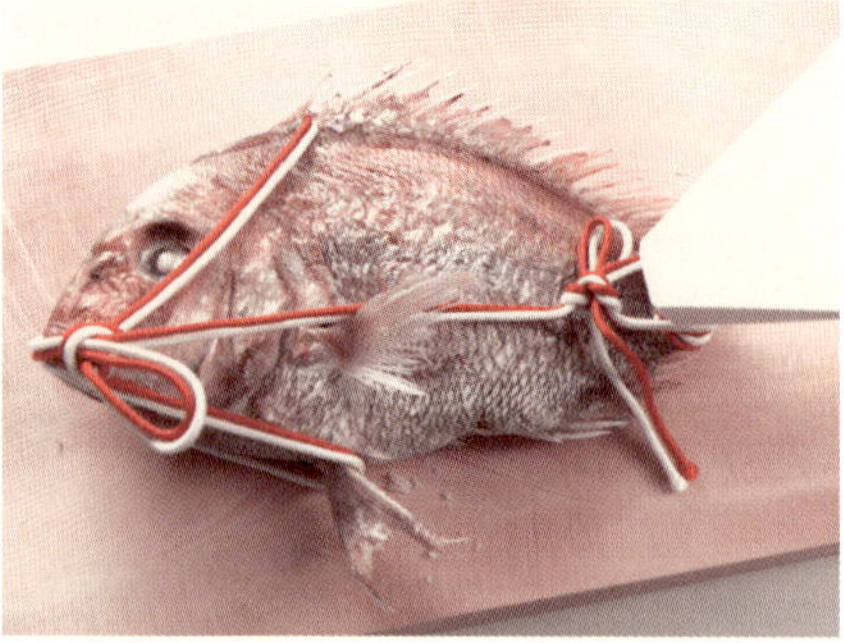

鯛の姿焼きの祝いの装飾の一つ。紅白の紐を、尾鰭から口、背鰭、腹鰭と掛けて結ぶ。鰭や身に力がかかるため、鯛はよく塩をして、しっかりと焼き上げ、冷めてから飾りつけをする。

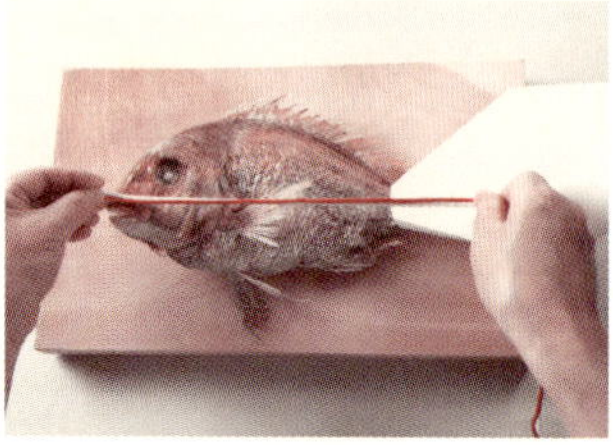

1 必要な紐の長さを計る。

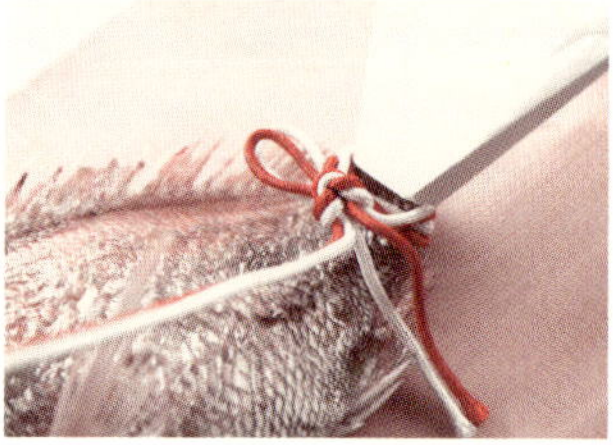

2 尾鰭の付け根に1周巻き付け、片わな結びにする。

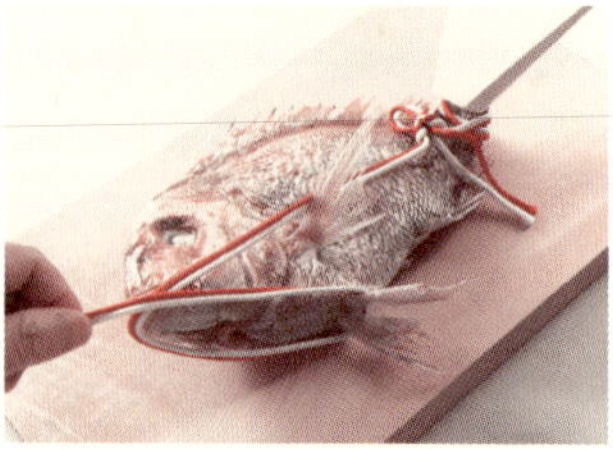

3 まっすぐ口元へ持ってきて、歯と歯の間に挟み込み、腹鰭に引っ掛ける。

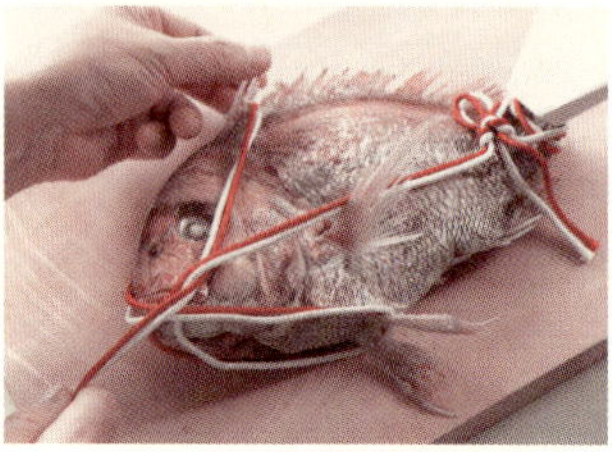

4 口を通って背側まで回し、背鰭の1本目と2本目の間に引っ掛ける。

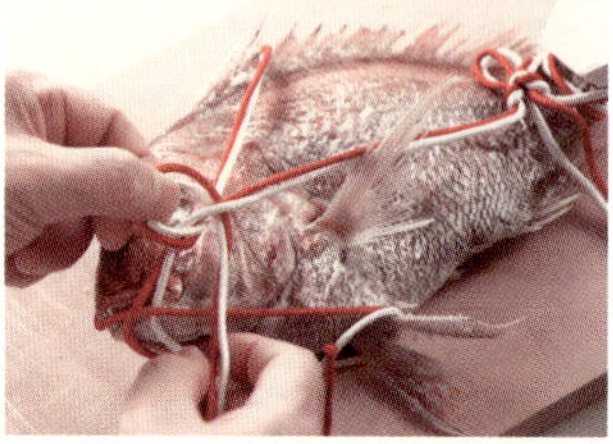

5 口元へ戻して、体側中央の紐に引っ掛ける。

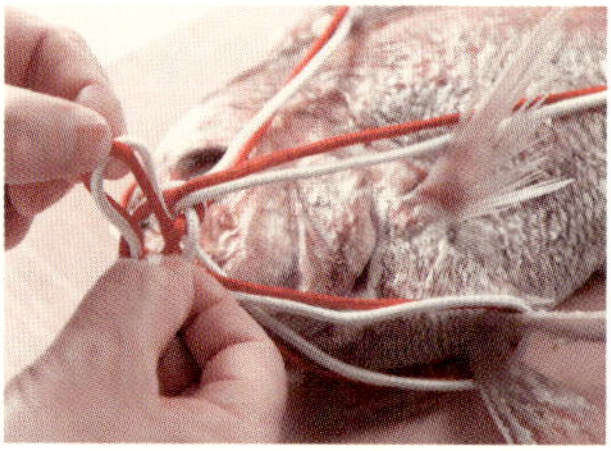

6 口元で片わな結びにしてとめる。

# 第Ⅲ章

# 知識ともてなし

## 祝儀・不祝儀の

# 結納・婚礼

結納・婚礼は一連の儀式で、いずれも、家と家、本人と本人の縁が永く続き、堅く結ばれて、子宝にも恵まれ、幸せな家庭を築けるよう願って、数々の縁起物が用意され、思いが込められる。

## ●結納品の内容とそのいわれ

①**目録**／結納の品目をすべて記したもの。

②**長熨斗**／熨斗鮑（現在は紙製）。「のす」ことから延命長寿や、ご縁が永く続くことを願う。結納飾り全体に対する丁重な祝意を表わす品でもある。

③**御帯料・御袴料**（**金包**）／結納金。花嫁に帯料を、花婿に袴料を贈る。

④**末広**（**寿恵広**）／末広がりの形で、将来の幸せや繁栄を願う。

⑤**友志良賀**（**友白髪**）／麻の糸を束ねたもの。ともに白髪の生えるまで仲よくと願う。

⑥**子生婦**（**子生婦料**）／「よろこぶ」の語呂合わせ。また、たくさんの胞子を出す昆布の繁殖力にあやかり、子宝に恵まれることも願う。

⑦**寿留女**（**寿留女料**）／長期保存可能なするめにかけ、末永く幸せであることを願う。また、噛めば噛むほど味わいのある、するめのような夫婦像を願って。

⑧**松魚節**（**勝男節**）／「勝男武士」とあてられるかつお節は、人生を勝ち抜き、立身出世することを願う。おめでたい松の字をあてることもある。

⑨**家内喜多留**（**柳樽**）（**樽料**）／角樽《つのだる》ともいわれる塗りの酒樽。家内喜多留の字をあてて、「家内安全、喜びを多く留める」とかける。

## ●三三九度

婚礼の固めの盃。もともとは、式三献という饗膳の儀式の作法にのっとって行なわれたため、三三九度と呼ばれているが、今はその作法はほとんど行な

**結納品一式**（例）

| |
|---|
| ①目録 |
| ②長熨斗《ながのし》 |
| ③御帯料《おんおびりょう》・御袴料《おんはかまりょう》（金包） |
| ④末広《すえひろ》（寿恵広《すえひろ》） |
| ⑤友志良賀《ともしらが》（友白髪） |
| ⑥子生婦《こんぶ》（子生婦料） |
| ⑦寿留女《するめ》（寿留女料） |
| ⑧松男節《まつうおぶし》（勝男節《かつおぶし》） |
| ⑨家内喜多留《やなぎだる》（柳樽）（樽料） |

※関東式の９品揃の例。このほか７品、５品などの略式もある。また、地方によって慣習はさまざまである。

われていない。現在のやり方では、1盃目は新郎→新婦、2盃目は新婦→新郎、3盃目は新郎→新婦と盃をまわし、御神酒《おみき》を盃に受けたら、1口目、2口目は口をつけるだけで、3口目に飲むのが通例である。御神酒は、瓶子から提子《ひさげ》に移し、提子から長柄《ながえ》銚子《ちょうし》に移し、長柄銚子から盃に注がれる。

この三ツ重ねの盃は土器《かわらけ》（素焼き）のものが基本で、土器は一度口をつけるとそのあとが残るので、1回だけしか使えない。これを、やはり一度使いが基本の白木の三方《さんぼう》にのせて運び出し、盃の儀を執り行なうのが習わしである。

## ●祝儀用の箸は柳の両細箸が原則

祝い事で用いられる箸は、祝箸といわれる白木の箸。柳の両細丸箸が基本で、これを金銀や紅白の水引を掛けた箸包みなどに入れて使う。柳は春いちばんに芽吹くのでおめでたい、「柳に雪折れなし」といわれるように強くて折れにくい、邪気を払うといわれる、などの理由から縁起がよいとされ、「家内《やな》喜《ぎ》」の文字があてられることもある。なお、現在は国産の資源不足から、ヒノキや他の木材を使った白木の祝箸も作られている。

一方、不祝儀ではこの箸を使わないのが約束である。また、各種の割箸は、1つのものを「割る」ことから、祝儀の席では用いない（とくに結納や婚礼ではタブー）。

## ●飲み物

結納や婚礼の席では、「茶を濁す」「茶化す」「茶々を入れる」などに通じることから、お茶は出さないのが習わしである。その代わりに出されるのが桜湯である。桜湯は、塩漬け、あるいは白梅酢（梅干を作る際に出る酸味と塩味の強い液）に漬けた香りの高い八重桜に熱湯を注いだもので、湯の中で「花が咲く」ことから縁起がよいとされる。一方、関西地方で結納や婚礼の祭に出されることが多いのが、昆布茶や梅昆布茶（小梅と結び昆布に熱湯を注ぐ）。昆布茶は「よろこぶ」に通じ、梅昆布茶は「実がなって結ばれる」ことから、おめでたいとされる。また、くず湯も「九重湯」として出されることがある。

**結婚記念式呼称**

| 経年数 | ○婚式 |
|---|---|
| 1年目 | 紙 |
| 5年目 | 木 |
| 7年目 | 銅 |
| 10年目 | 錫《すず》 |
| 15年目 | 水晶 |
| 20年目 | 磁器 |
| 25年目 | 銀 |
| 30年目 | 真珠 |
| 35年目 | 珊瑚《さんご》 |
| 40年目 | ルビー |
| 45年目 | サファイア |
| 50年目 | 金 |
| 55年目 | エメラルド |
| 60年目（または75年目） | ダイヤモンド |

※国や方式によって違いがある

**●婚礼式の席次**（例）

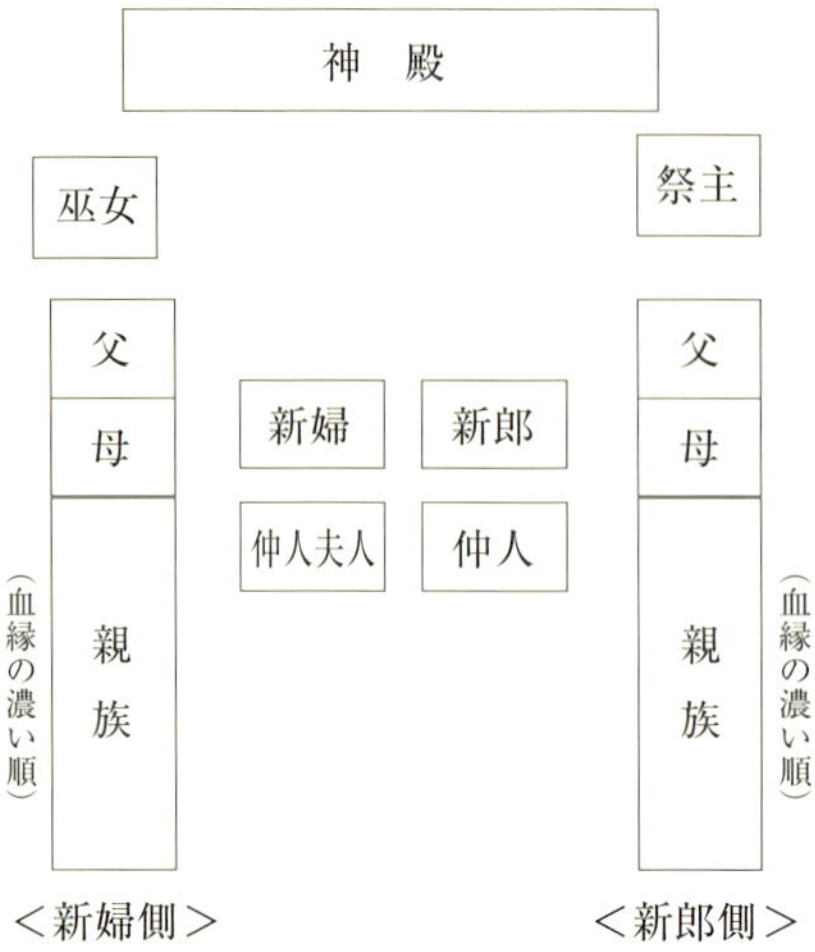


**●結納式の席次**（例）

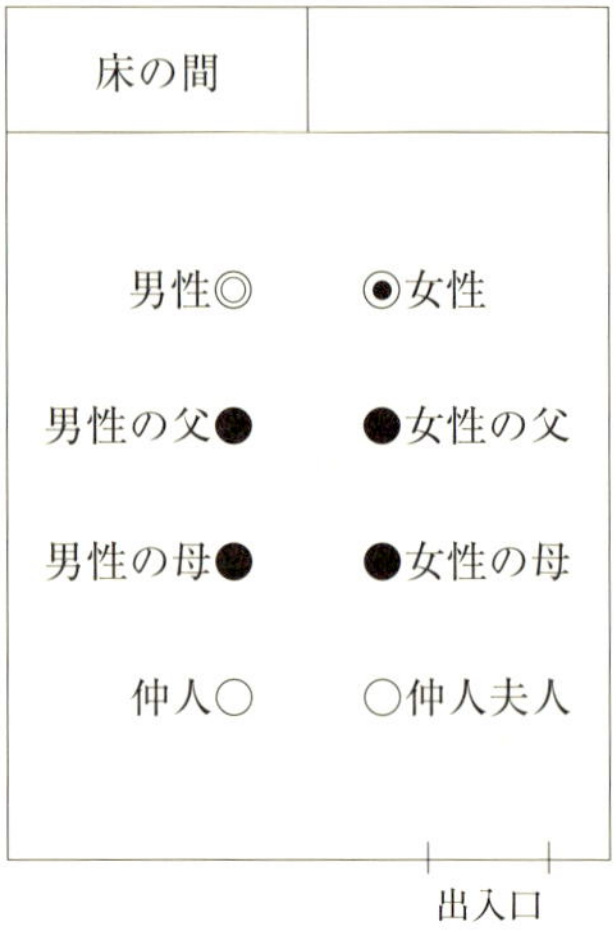


**●結納の会食の席次**（例）

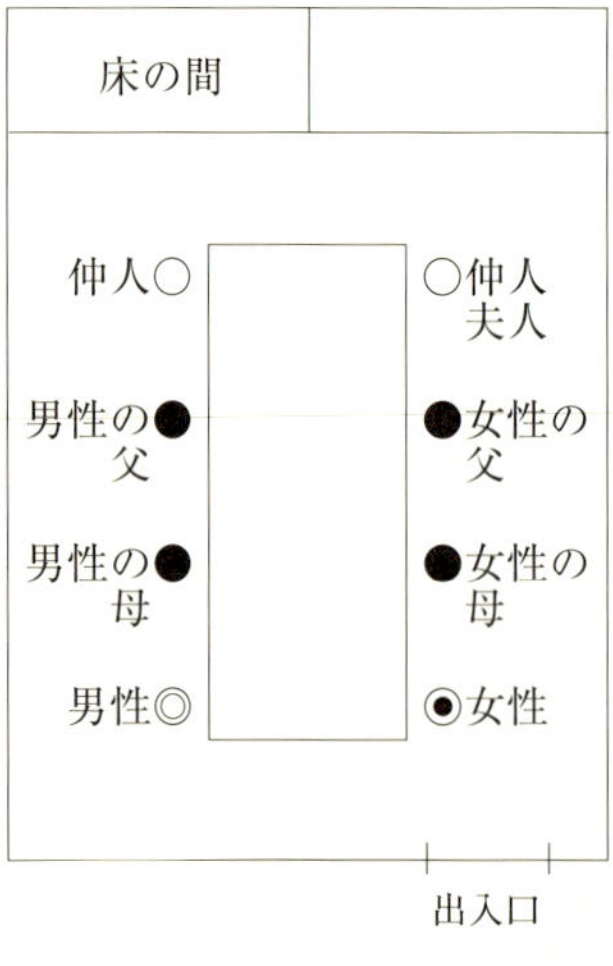


**●結納の会食の席次**（例）

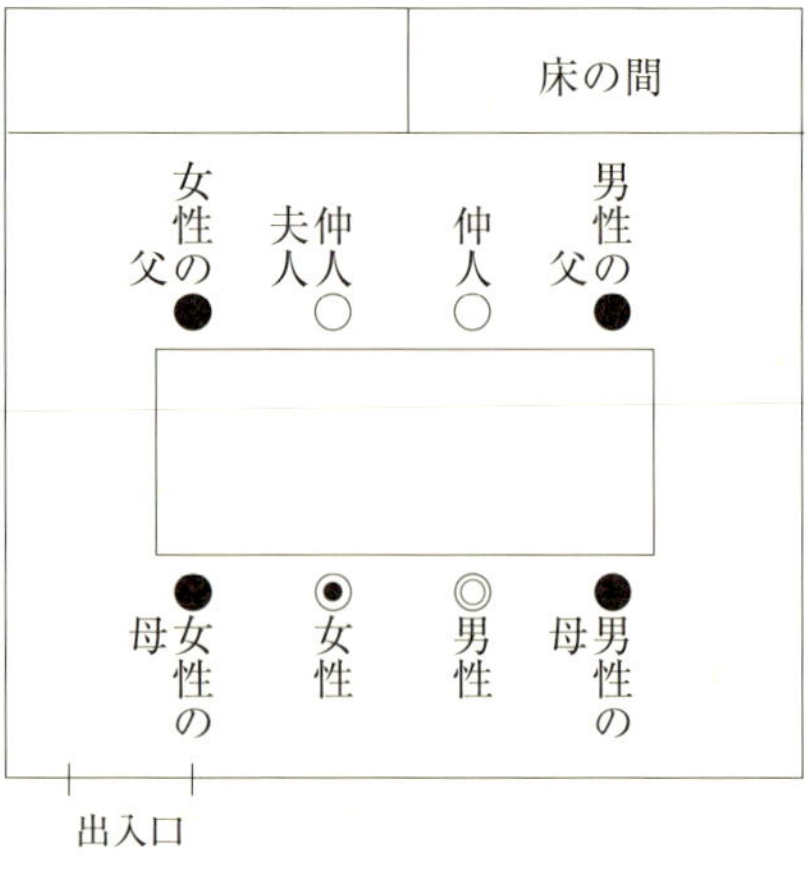


※席次は地方やその他の環境、当事者間の関係など、さまざまな事情によって異なる。

※会場を借りて行なう結納式では、本人たちを上座に配し、仲人夫妻の取りつぎで、結納品の受け渡しが行なわれるのが一般的。そして無事、結納がとり交わされたら、会場を移し（あるいはあらため）、祝宴となるが、その席では、仲人夫妻を上座に配して、大役の労をねぎらい、感謝の意を伝える。

●結婚披露宴の席次（例）

【馬蹄形】

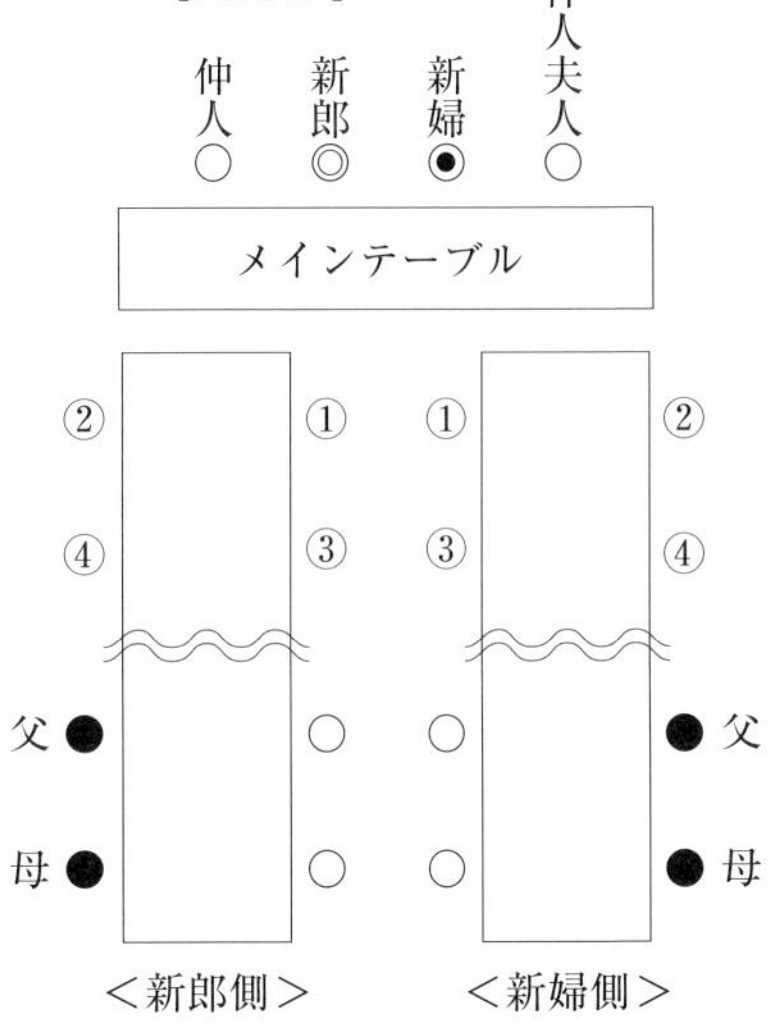


【少人数の席】

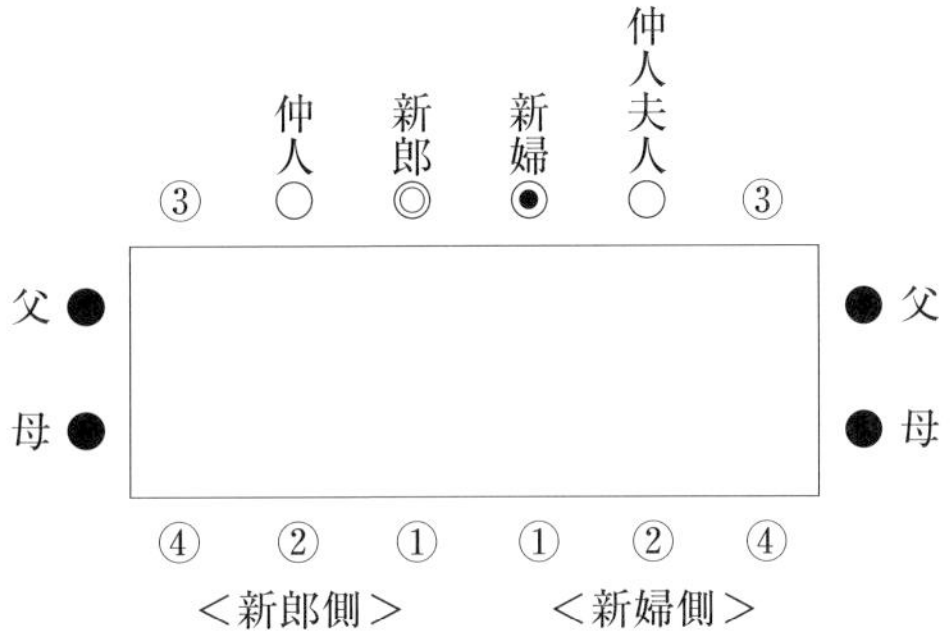


【ちらし形】

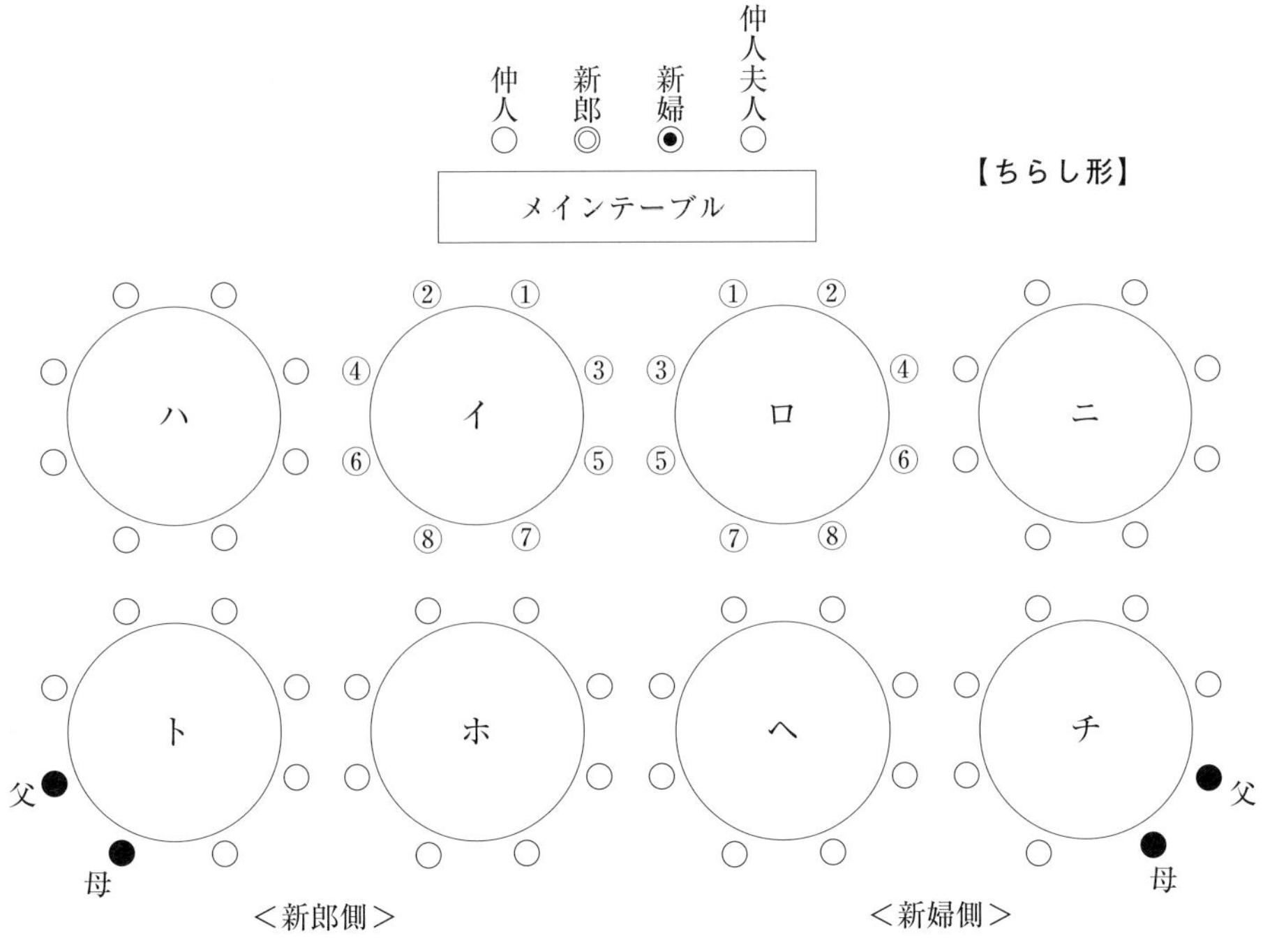

# 正月祝

一連の正月祝には、古くから伝えられてきたさまざまな仕来りや風習が数多く残っている。代表的な飾り物やおせち料理の一つ一つに、1年の無病息災、五穀豊穣を願う気持ちが込められる。

## ●正月飾り

・鏡餅／鏡のように作った平たい円形の餅。正月には、三方《さんぽう》に四紅紙《しこうし》または奉書紙を敷き、裏白、紙垂《しで》をのせ、大小2つの鏡餅を重ね、さらに串柿、するめ、橙、昆布などを飾って年神《としがみ》に供える。

一般には1月11日にこれを下げて、割って食べる（＝鏡開き）のが通例。餅は包丁では切らずに（切ることをきらって）、手や木槌などで割り開くのが習わしとされる。

・蓬莱飾り／三方に白米を盛り、上に餅、熨斗鮑、伊勢海老、勝ち栗、昆布、野老《ところ》（ヤマノイモ科の蔓植物）、馬尾藻《ほんだわら》、串柿、裏白、譲葉、橙、橘などを積み重ねて飾って年神に供える。食積《くいつみ》、食摘《くいつみ》ともいわれ、これが分かれて、現在のおせち料理と鏡餅飾りになったとされる。

## ●お屠蘇

屠蘇散《とそさん》を入れた酒またはミリン。正月に、1年の邪気をはらい、新たな1年の無病息災を祈って飲む薬酒。屠蘇散とは、中国で古くから飲まれていた薬で、山椒、防風、桔梗、蜜柑の皮、肉桂などを調合したもの。屠蘇延命散ともいう。

## ●おせち料理

おせち料理とは、正式には節会《せちえ》の料理、すなわち節句料理のことで、古くは五節句（人日、上巳、端午、七夕、重陽）などの節日（節句の日）に供される料理のことをいったが、これがのちに正月の祝い料理を指すようになった。

おせち料理の原形は蓬莱飾りにあり、神饌として供えた熨斗鮑、勝ち栗、伊勢海老などを下げ、神とともに食した直会《なおらい》がその始まりである。そして現在のおせちの形ができあがったのは、江戸時代後半であるといわれる。祝いの意を込めた口取や煮物などを、正月三が日はもつように濃い味つけにし、重箱に詰めたもので、これが時代とともに豪華なものになって現在に至っている。

重箱は正式なものは五段重ねとされるが、現在では三の重までのものが多い。五段重ねの場合、いちばん上の一の重に口取、二の重に焼物、三の重に煮物、与の重（四を避けて与の重という）に酢の物、祝肴、そして五の重には他の四つの重と同じものを詰めて控えの重とする。五段重には別蓋があるので、五の重にこの蓋をし、客前には四つの重だけを出し、空きができた時に五の重から補充する形をとる。三段重ねの場合は、一の重に口取、二の重に焼物、酢の物、祝肴など、三の重に煮物を詰めるのが一般的。各重とも、料理の品数は陽数（奇数）でそろえ、五味五色を取り合わせ、味が混じらないように詰め方に留意する。

### ●定番のおせち料理の由来

・**数の子**／子や孫など、一族が集まって新年の喜びを交わす様子を、子がぎっしり詰まったカズノコに重ね合わせて。新しい年もまた一家が栄え、元気で隆盛をきわめるようにとの願いを込める。

・**黒豆**／語呂合わせで、「まめ」に暮らせるようにとの思いが込められている。

・**五万米**（ごまめ）／カタクチイワシを飴炊きにしたもの。カズノコと同様に、お祝に集まった子や孫を、小魚（ジャコ）が群がる様子に重ね合わせ、一族の繁栄を願う。また、「こまめに元気に」の語呂合わせでもある。ごまめを田作りと呼ぶのは、昔はこの魚を田んぼの肥料に使ったことからで（田を作る意）、豊作を願う意味もある。

・**叩き牛蒡**／黒いゴボウを、豊作の時に飛んで来るといわれる黒い瑞鳥《ずいちょう》に見立て、豊作と1年の息災を願う。

・**昆布巻**／昆布は和名を「ひろめ」ということから、喜びが「ひろまる」ことにかけて。また昆布は夷子女（えびすめ）ともいい、七福神の恵比須天に通じることから、福を呼ぶとされた。「よろこぶ」の語呂合わせでもある。

・**蒲鉾**／半円形の形が日の出に似ていることから、新しい門出を祝う意を込めて。

・**伊達巻**／「巻き」は巻物（書物）に通じ、教養や文化が身につくようにとの願いを込めて。また「伊達（粋で洗練されていること）」であるようにとの意もある。

・**蓮根**／たくさんの穴があることから、将来の見通しがきく、という縁起をかついだもの。

・**慈姑**《くわい》／毎年、芽が出るようにとの願いを込めて。

・**海老**／ひげが長く、腰の曲がった老人の姿にたとえ、長寿を祝って。

・**金団**《きんとん》／黄金色で、金団（金の団子）と書くことから、財宝、すなわち豊かな生活が送れるようにとの願いを込める。

・**八つ頭**／親芋が大きく、子芋が八方に広がってくっついている形から、人の上に立てるようにとの願いを込める。

・**錦玉子**／黄金色であることから、財宝に恵まれるようにとの願いを込める。

・**鯛**／「めでたい」の語呂合わせで。松皮作りや八重作りなどにしてさらにおめでたく。

※数の子、黒豆、ごまめ（関西では叩き牛蒡）は三つ肴（あるいは祝い三種）といわれ、おせち料理には不可欠なものとされた。

### ●人日の節句《じんじつのせっく》

五節句の一つ。旧暦1月7日の祝。1年の邪気をはらい、新たな1年の無病息災を祈願して、きざんだ七種の野菜や野草（現在では春の七草）と餅を入れた七草粥を食べる。

### ●小正月《こしょうがつ》

旧暦の1月15日（あるいは14日～16日まで）のこと。元日を大正月というのに対して。「女正月」「二番正月」などともいわれ、この日をもって、さまざまな正月の行事は終わったとされる。餅の入った小豆粥を食べる風習があり、1年の邪気をはらい、新たな1年の無病息災を祈願する。

## ●おせち料理　献立（例）

### ・一の重　口取

松笠鮑
竹萵苣薹西京漬
青梅甘露煮
栗金団糸かけ
加寿の子鼈甲漬
家喜加来寿美
雲丹笹母漬
巻海老艶煮
黒豆蜜煮
紅白千代呂木
粉吹き田作り
有平烏賊
日の出蒲鉾

### ・二の重　焼物

甘鯛西京焼
鰆西京焼
鯧柚庵焼
車海老黄金焼
烏賊雲丹焼
牛肉八幡巻
帆立酒盗焼
鴨子持ちロース
若鶏龍眼巻
葉付金柑
百合根梅肉寄せ
編笠柚子
錦玉子
熨斗大根甘酢漬
曙生姜

### ・三の重　煮物

亀甲里芋甘煮
松茸万年煮
鰻昆布巻
子持ち鮎有馬煮
穴子白板昆布巻
梅人参福久芽
花蓮根白煮
蒟蒻煮染め
牛蒡煮染め
筍甘煮
鈴慈姑甘煮
冬子椎茸甘煮
手鞠麩

### ・与の重　酢の物、祝肴

春子鯛源平なます
さごし龍皮巻
平目博多押し
サーモン錦紙巻
車海老絹多巻
手綱巻
いくら酒粕漬
小袖なます
矢羽根蓮根
菊花アチャラ漬
紅白淡路結び
つく羽根
寿昆布

### ・五の重　控えの重

松笠鮑
加寿の子鼈甲漬
家喜加来寿美
日の出蒲鉾
筍甘煮
梅人参福久芽
鈴慈姑甘煮
牛蒡煮染め
百合根梅肉寄せ
穴子白板昆布巻
雲丹笹母漬
車海老黄金焼
編笠柚子

# お喰い初め

生まれた子どもに初めて飯を食べさせる祝い事で、一般に生後100～120日目に行なわれる。地方によって慣習が異なり、「箸立て」「箸初め」「箸揃え」「歯固め」などともいわれる。

## ●健やかな成長を祈って

食い初めの歴史は古く、平安時代に宮中で行なわれた真魚始（幼児に初めて魚鳥などの動物性食品を食べさせる儀式）が起源とされる。本格的なお喰い初めの儀式では、本膳形式の一汁三菜が基本とされ、着物を着た子どもに母親が三箸ずつ食べさせるまねをして、子どもの順調な乳離れ（自立）と成長を祈り、一生、食べ物に困らないようにとの願いを込める。この時、飯一粒でも成人と同じものを口にするのが望ましいとされる。

式の膳、餅の膳、飯の膳の構成で、男児の式の膳には縁起物の勝栗、昆布、熨斗鮑を、女児の式の膳には福久芽梅、昆布、熨斗鮑をのせ、餅の膳は、いずれも大根と餅の入った雑煮。その他、定番の料理としては、尾頭付きの焼き魚があり、もっとも多いのは鯛だが、男児には伊勢海老や、出世魚のぼら、かながしら（ホウボウ科の魚）なども用いられた。かながしらは、子どもの頭が固くなるように（しっかり成長するように）との願いを込めたものである。

## ●膳の上に小石をおく

また、お喰い初めでは膳の上（あるいは飯の上）に小石をおくのが仕来りとされた。これには頭が固くなるようにとの思いに加え、歯固め、すなわち丈夫な歯が生えるようにという意味も込められている。お喰い初め用の小さな椀や茶碗、膳（男膳は朱塗りの足の低い膳、女膳は黒塗りの高足膳）を使い、箸は白木の柳の箸をつけるのが約束である。

現在では、離乳の準備の始まる時期（生後3ヵ月前後から）を見計らい、料理店や家庭でお祝をするのが通例である。料理店では、専用の器に、飯（赤飯や栗ご飯など）と汁（すまし汁など）、祝肴として縁起物の口取肴、焼物として尾頭付きの魚などを取り合わせ、印として小石をあしらって子ども用の祝儀の膳を用意する。そして子どもには食べさせるまねごとをし、大人には通常のお祝の会席料理を用意して祝宴とするのが一般的である。

# 初節句
## ——上巳の節句と端午の節句

生後初めての節句に子どもの成長を祈願して行なわれる祝儀。女児は3月3日の上巳《じょうし》の節句を、男児は5月5日の端午の節句を祝う。実家から雛人形、武者人形や鯉のぼりなどを贈る習慣がある。

### ●上巳の節句

五節句の一つ。もともと穢《けが》れ祓《ばら》いの儀式として、旧暦の3月最初の巳《み》の日に行なわれていたもの（各地に残る流し雛の風習にそのルーツを見ることができる）。これが古来からあった子女の雛遊び（小さな人形や道具で遊ぶ）と結びつき、現在の「雛祭り」の形になったといわれる。雛壇を設けて雛人形を飾り、お祝いする。桃の花の咲く頃であることから「桃の節句」ともいわれる。

料理の定番は可愛らしい手鞠寿しやちらし寿し、蛤の吸物、ぬた（貝類の酢味噌和え。関西ではてっぱい）など。草餅や菱餅（緑、白、桃色の三色を重ねた餅）、白酒も欠かせない。素材としては、各種貝類や鯛（この時期の鯛は桜鯛といわれる）、早春の芽もの（土筆、蕨、蓬、木の芽など）、菜の花、筍、蕗など。意匠としてはひし形や貝合わせ、磯遊び、桃、桜、橘、雪洞《ぼんぼり》、曲水の宴など、雛人形や御所にちなむものなど。

### ●端午の節句

同じく五節句の一つ。「端」は「初め」を意味し、中国の暦で午《うま》の月にあたる5月の5日を、午と五の重なりから尊重し、おめでたい日として祝う風習があったもの。日本では旧暦の5月5日は梅雨から夏の高温多湿の時期にあたり、邪気をはらう効果があるとして、菖蒲や蓬を飾ったり身につけるようになったといわれる。後に武家では、菖蒲が尚武（武を重んずる）に通じるとして、立身出世、武運長久を願い、男子の祭りとして鎧《よろい》や兜《かぶと》、槍《やり》、幟《のぼり》などを飾るようになり、これが庶民の間にも定着していった。

欠かせない料理としては、鯛の頭を使ったかぶと煮やかぶと焼き、伊勢海老を使った具足煮など。柏餅、粽《ちまき》も定番。素材としては、すずき、ぶり、ぼらなどの出世魚や鯉、鰹（勝男）、とこぶし（常武士）なども好んで使われる。また、意匠としては、菖蒲、柏、鯉幟、鯉など。それに刀、矢、弓、槍、矢羽根、的《まと》など武具にちなんだものも多い。

**新暦と旧暦**

1873年（明治６年）から日本で正式に採用された太陽暦（グレゴリオ暦）を新暦といい、それ以前に使用していた太陰太陽暦を旧暦という。新暦と旧暦では１ヵ月～１ヵ月半の違いがあり、旧暦の３月３日は現在の４月初旬～中旬くらいにあたる。

**五節句**

１月７日（人日）、３月３日（上巳）、５月５日（端午）、７月７日（七夕）、９月９日（重陽）の節句の総称。中国の陰陽五行説に基づく風習で、月の数と日の数が同じ日を重日といい、陽数（奇数）である３、５、７、９の重なる日はとくにおめでたい日とされた。日本では江戸時代に、１月７日の人日の日を加えて五節句とし、祝日と定めた。後に（明治時代）祝日は廃止され、現在は５月５日だけが祝日（子どもの日）として残る。

# 賀寿

長寿を祝い、ますます元気で長生きをすることを願う行事で、本人の誕生日や敬老の日に行なわれるのが一般的である。還暦、古稀、喜寿、傘寿など節目ごとに呼称がある。

## ●現代の賀寿

賀寿《がじゅ》とは長寿の祝のこと。現在、一般に行なわれている賀寿は、還暦から始まり、古稀、喜寿、傘寿、米寿と続く。本卦還《ほんけがえ》りともいわれる還暦は、1歳からまた新たに出発する（＝赤子に戻る）という意味を持つことから、この日には赤い色のちゃんちゃんこ、頭巾、座布団などを贈る習慣が浸透している。

しかし一方で、定年の年齢や平均寿命が大幅に延びた今日では、還暦といっても現役で変わりなく働いているケースがほとんどなので、この習慣にこだわる人は少なくなっている。そのかわり、傘寿や米寿といった、これまで珍しかった賀寿が、日常的に行なわれるようになったともいえる。年齢が高くなったぶん、それなりの心配りが求められる。

**賀寿　一覧**

| 賀寿 | 年齢（数え年） | いわれ |
|---|---|---|
| 還暦《かんれき》 | 61 | 60年で干支（十干、十二支の組み合わせ。133頁の表参照）が一巡し、ふたたび生まれた年の干支に還ることから。華甲、本卦還りともいう。 |
| 古稀《こき》 | 70 | 唐の詩人、杜甫の詩の一節「人生七十古来稀なり」にちなんで。 |
| 喜寿《きじゅ》 | 77 | 「喜」の字の草書体「㐂」が七十七と読めることから。 |
| 傘寿《さんじゅ》 | 80 | 「傘」の略字「仐」が八十と読めることから。 |
| 米寿《べいじゅ》 | 88 | 「米」の字を分解すると八十八となることから。 |
| 卒寿《そつじゅ》 | 90 | 「卒」の略字「卆」が九十と読めることから。 |
| 白寿《はくじゅ》 | 99 | 「百」の字から一をとると「白」となることから。 |
| 紀寿《きじゅ》 | 100 | 100年（1世紀）の区切りとなることから。百寿ともいう。 |
| 茶寿《ちゃじゅ》 | 108 | 「茶」の字を分解すると二つの十と八十八になることから。 |
| 珍寿《ちんじゅ》 | 110 | これほどの長寿は珍しいことから。112以上を珍寿、あるいは椿寿とする説もある。 |
| 皇寿《こうじゅ》 | 111 | 「皇」の字を分解すると白、一、十、一となり、白は百に一足りない九十九で、それに一、十、一を足すと百十一になることから。 |

**敬老の日**

国民の祝日。1966年、従来、老人の日だった9月15日を名称を変えて祝日としたもの。2003年より9月の第3月曜日と改められた。

## ●もてなしの留意点

賀寿では、主役の健康状態や好みをしっかりと把握し、充分な心遣いをすることが必要である。同じ年齢でも歯の状態や、胃腸の具合、食欲、好き嫌いなどは個人差が大きく、一概には判断できない。事情が許す限り、本人の好きなものを、好きな量だけ召し上がっていただくのがいちばんのもてなしである。そのためには、家族や本人から、少しでも多くの情報を得ておくことである。足の状態や、目や耳の状態なども合わせてきいておくと、サービスをする際にとまどわずにすむ。

料理は、やはり柔らかいもの、箸の運びがいいものを選びたい。元気ではあっても、普通は油ものはもたれるし、汁気の少ないものはのどにつかえやすい。普段より少し汁物を多くしたり、油を控える配慮は必要だ。

また、ご夫婦が健在かどうか、長く住まれた土地はどこか、場合によってはどんな仕事をされてきたかなど、ちょっとした話題のヒントになる情報も収集して、部屋のしつらいやサービスに生かしたい。

賀寿にふさわしい料理というものがとくに決まってあるわけではない。すでに長寿の方に、長寿を象徴するあれやこれやをあまり盛り込むのはかえって失礼になることもあるので、これからも健康で長生きをしていただきたいという気持ちを込めて、食べやすいもの、おいしいものを作ることに心を砕きたい。そしてさりげないお祝の言葉とともに、適量をお出しするのがいちばんであろう。

なお、賀寿には、贈りものや内祝、お参り、定番の菓子などにも、地方によってさまざまな風習が残されているので、諸々注意が必要である。

### 干支一覧

| | | | | | | |
|---|---|---|---|---|---|---|
| 1 甲子 | 11 甲戌 | 21 甲申 | 31 甲午 | 41 甲辰 | 51 甲寅 | 61 甲子 |
| 2 乙丑 | 12 乙亥 | 22 乙酉 | 32 乙未 | 42 乙巳 | 52 乙卯 | 62 乙丑 |
| 3 丙寅 | 13 丙子 | 23 丙戌 | 33 丙申 | 43 丙午 | 53 丙辰 | 63 丙寅 |
| 4 丁卯 | 14 丁丑 | 24 丁亥 | 34 丁酉 | 44 丁未 | 54 丁巳 | 64 丁卯 |
| 5 戊辰 | 15 戊寅 | 25 戊子 | 35 戊戌 | 45 戊申 | 55 戊午 | 65 戊辰 |
| 6 己巳 | 16 己卯 | 26 己丑 | 36 己亥 | 46 己酉 | 56 己未 | 66 己巳 |
| 7 庚午 | 17 庚辰 | 27 庚寅 | 37 庚子 | 47 庚戌 | 57 庚申 | 67 庚午 |
| 8 申未 | 18 申巳 | 28 申卯 | 38 申丑 | 48 申亥 | 58 申酉 | 68 申未 |
| 9 壬申 | 19 壬午 | 29 壬辰 | 39 壬寅 | 49 壬子 | 59 壬戌 | 69 壬申 |
| 10 癸酉 | 20 癸未 | 30 癸巳 | 40 癸卯 | 50 癸丑 | 60 癸亥 | 70 癸酉 |

甲＝きのえ　乙＝きのと　丙＝ひのえ　丁＝ひのと
戊＝つちのえ　己＝つちのと　庚＝かのえ　申＝かのと
壬＝みずのえ　癸＝みずのと

子＝ね　丑＝うし　寅＝とら　卯＝う　辰＝たつ　巳＝み
午＝うま　未＝ひつじ　申＝さる　酉＝とり　戌＝いぬ
亥＝い

※十干と十二支を組み合わせてできる60通りの干支（えと）。これを年、月、日に割り当て、基準から周期的に繰り返す。たとえば、生まれた年が甲子（きのえね）の年だったとすると、60年目にまた同じ干支である甲子がやってくる（数え年は生まれた年を１歳と数えるため、数え年では61歳になる）。暦が元に還ることから、これを還暦とい

# その他の祝

入学や卒業、成人式や就職、栄転や昇進、叙勲や受賞、開店や開業、発会記念や創立記念、発表会や展覧会、新築や改築、その他、さまざまなお祝の席での料理ともてなしについて取り上げる。

## ●主役の情報と主催者の意向をつかむ

人生にはさまざまな祝い事がある。結納や婚礼のように、特別な仕来りや慣習で成り立っているハレ（晴れ）の極みのような宴席もあれば、お祝の気持ちを気軽に伝えたいという内輪の会もある。また、その人にしか成し得ないような特別な栄誉、そんな祝賀セレモニーもあるだろう。祝宴の目的も規模も、主役の立場も参会者との関係も、それぞれに事情は異なるが、共通しているのは「おめでたい」という気持ち。もてなす側として当たり前のことだが、まずその気持ちだけは忘れないように、主催者の意向を最大限に汲んで、臨機応変に対応することである。

主役がはっきりしている席では、主役の情報を、失礼にならない範囲で、できるだけ集めておくとよい。出身地、生い立ち、好きなもの、好きな色、家族構成、功績などなど。その会の趣旨を踏まえてネタを仕込んでおくと、よりパーソナルなもてなしにつながる。料理の中に、ちょっとした思いを込めることもできる。とくに、受賞パーティのような、主役の個性がはっきりと浮かび上がるような席では、会を盛り上げるきっかけにもなる。注意しなければいけないのは、けっして出すぎないこと。あくまでもさりげない心遣いが鉄則である。

## ●お祝をキーワードでとらえる

料理や器、しつらえに関しては、その祝宴が人生の節目となるものなのか、何かを成し遂げたお祝なのか、新しいスタートをきった記念なのか、などを意識するとよい。それだけでも、表現方法がより鮮明にイメージできる。出世、栄達、富、財産、繁栄、繁盛、永続、始まり、上昇など、その祝宴に適したキーワードを心に留めて、紅白や松竹梅、四君子などを組み合わせ、全体としておめでたい雰囲気を作り上げていくことである。

●一般的な会食の席次（例）

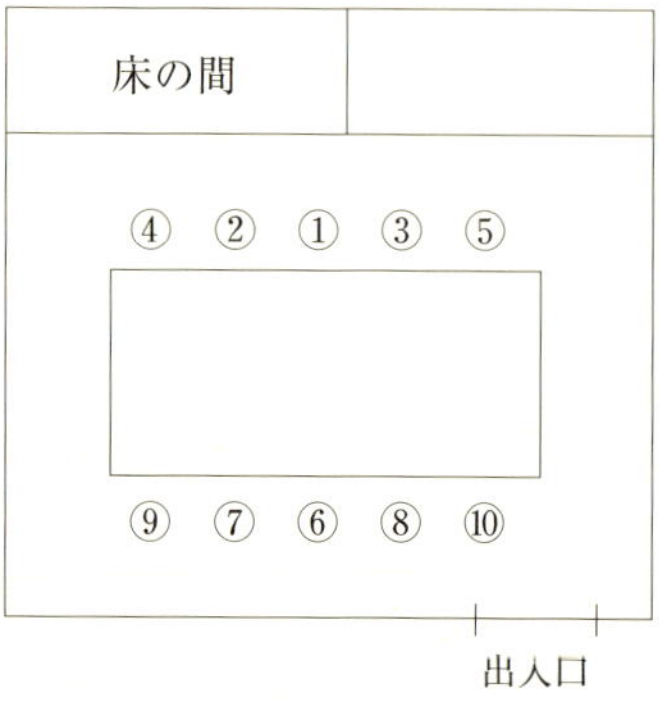

# 法事の心得

法事の料理を精進にするかどうかは、まずは施主の意向を重んじるのが大前提である。その上で、派手な色調は避ける、おめでたい素材は避けるなどして、哀悼の意を表わすことが大切である。

## ●不祝儀の意識は常に必要

法事は法要ともいい、本来は仏教の行事や儀式全般を指す言葉だが、現在では故人や先祖の追善供養のために営む仏事を指すのが一般的である（神式ではこれにあたるものを霊祭という）。仏式の法事は、命日、あるいは命日前の近い日を選んで行なう。一般には27回忌、33回忌くらいで弔い上げとし、その人の法要に区切りをつけることが多い。

法事の料理は、昔は精進とするのが習いであったが、最近では精進にこだわる例は少ない。施主の意向に従って、招く側にも招かれる側にも納得してもらえる料理を提供することが肝要である。とはいえ、やはり不祝儀としての心得はそれなりに持っておく必要がある。何より施主の意を汲み、それを代弁する気持ちでサービスに努めることである。

法事の料理を担当するにあたっては、特別に強い希望がない限り、やはり華やかな色調は避け、刺身を入れるにしても白身魚にして、あしらいも地味にまとめるなどの心遣いはあってしかるべきであろう。お酒は乾杯ではなく献杯、また「重ねる」「寄せる」などの言葉は使わないようにするといった意識は、きちんと持っておくようにしたい。

※死後、次の生に移るまでの間を仏教では「中陰」あるいは「忌中」「中有」などといい、このかん正式には7日ごとに法要を行ない、供養をする（一般には省略されることが多い）。最終日の七七日忌を「満中陰」といい、この日に納骨をするのが通例。その後、一周忌以外は、亡くなった日を入れて数えるので、2年目が3回忌、6年目が7回忌となる。

**霊祭一覧**（神式）

| 霊祭 | 亡くなった日から |
|---|---|
| 十日祭 | 10日目 |
| 二十日祭 | 20日目 |
| 三十日祭 | 30日目 |
| 四十日祭 | 40日目 |
| 五十日祭 | 50日目 |
| 百日祭 | 100日目 |
| 一年祭 | 1年目 |
| 三年祭 | 3年目 |
| 五年祭 | 5年目 |
| 十年祭 | 10年目 |
| 二十年祭 | 20年目 |
| 三十年祭 | 30年目 |
| 五十年祭 | 50年目 |
| 百年祭 | 100年目 |

**忌日一覧**（仏式）

| 忌日 | 亡くなった日から |
|---|---|
| 初七日忌《しょなぬかき》 | 7日目 |
| 二七日忌《ふたなぬかき》 | 14日目 |
| 三七日忌《みなぬかき》 | 21日目 |
| 四七日忌《よなぬかき》 | 28日目 |
| 五七日忌《いつなぬかき》 | 35日目（三十五日忌） |
| 六七日忌《むなぬかき》 | 42日目 |
| 七七日忌《なななぬかき》 | 49日目（四十九日忌） |
| 新盆《にいぼん》 | 七七日忌後、初めて迎える盆会 |
| 百カ日《ひゃっかにち》 | 100日目 |
| 一周忌《いっしゅうき》 | 1年目 |
| 三回忌《さんかいき》 | 2年目 |
| 七回忌 | 6年目 |
| 十三回忌 | 12年目 |
| 十七回忌 | 16年目 |
| 二十三回忌 | 22年目 |
| 二十七回忌 | 26年目 |
| 三十三回忌 | 32年目 |
| 三十七回忌 | 36年目 |
| 五十回忌 | 49年目 |
| 百回忌 | 99年目 |

**●通夜・葬儀の席次**（例）

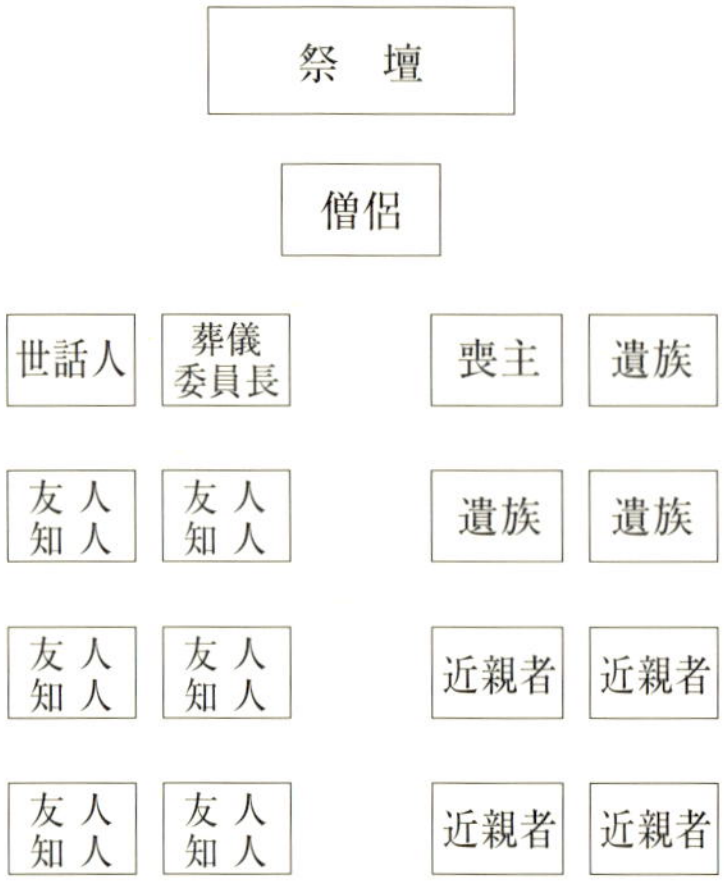


**●法事の席次**（例）

**●法事の会食の席次**（例）

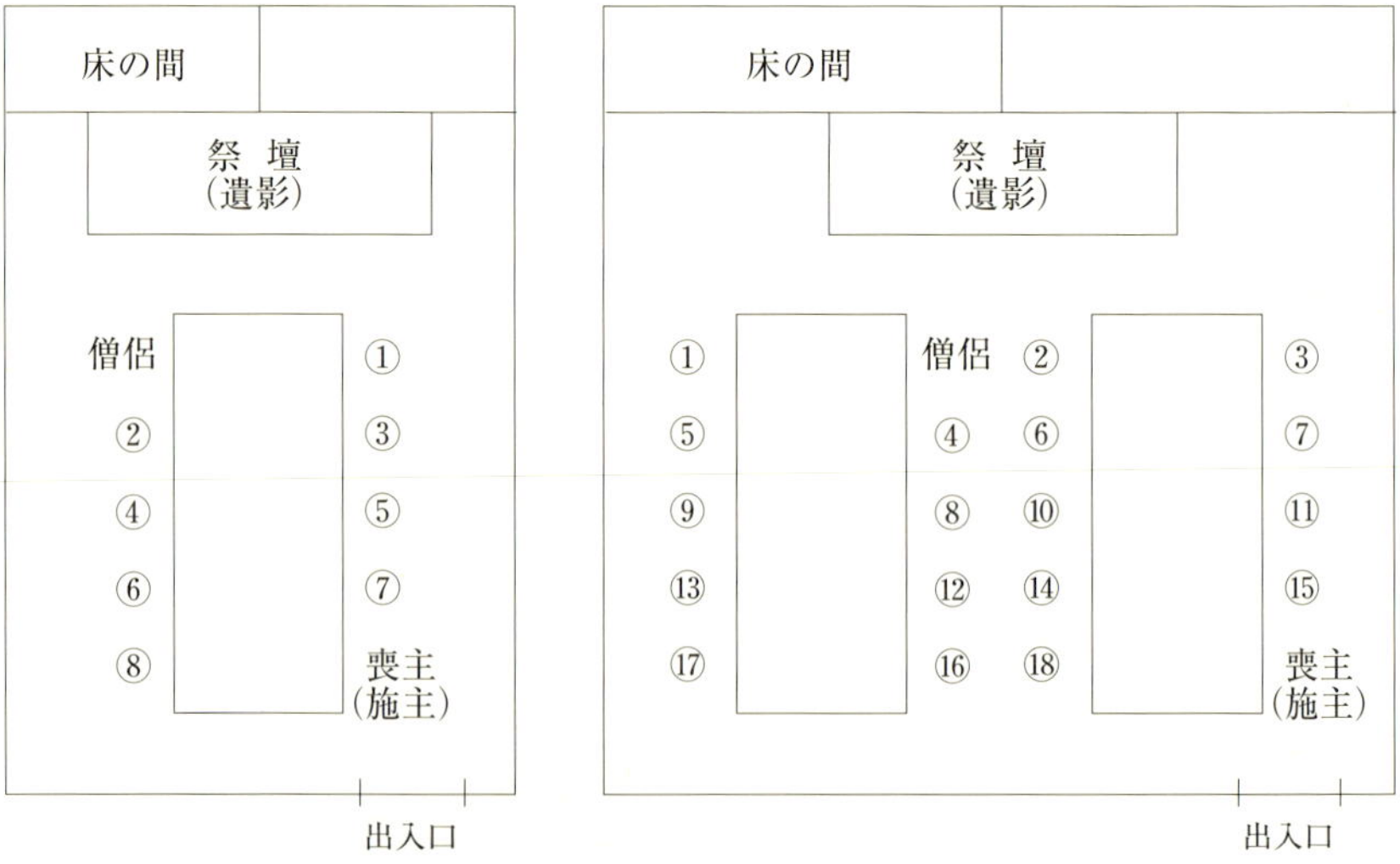


※通夜や葬儀では喪主は上席につくが、そのあとの精進落としの席では、僧侶や世話人、親戚、知人などの会葬者に感謝の意をこめて料理をふるまうのが目的なので、喪主や遺族は末席につくのが通例である。法事の場合も、法事式では施主は上席につくが、そのあとの会食の席では末席につく。ただし、席次は地方や宗派、その時々の事情などによってもまちまちである。

# 第Ⅳ章

# 祝儀・不祝儀の
# 言葉と素材

# おめでたい言葉集

言葉の使い方しだいで献立の印象は大きく変わる。縁起のよさにあふれた言葉、さりげなく祝意の伝わる言葉など、祝儀の献立作成に役立つ言葉を集めてみた。

## 相生《あいおい》

2つのものが寄り添ってあたかも1つのように見える状態をいう。2本の根から生え出た松が、年月を経るうちに相接して、まるで1本の松のように見える、それが「相生の松」である。婚礼の披露宴などでよく祝辞に使われる話である。料理では、大根と人参を結んだ相生結びがよく知られるところだが、結ぶことが前提ではなく、和えても、重ねても相生は可能である。色も紅白でなくてもかまわない。

## 曙《あけぼの》

夜が明け始めるころ。太陽が昇り始めるころ。ものごとの始まりを表わすことから、縁起がよいとされる。淡紅に少し黄みを帯びた朱色のイメージで、海老や人参、はじかみ生姜など赤いものに使われる言葉。曙海老など。

## 旭、朝日《あさひ》

朝昇る太陽。日の出。丸いもの、もしくは半月形のもの（太陽が昇る途中）、海老や人参、はじかみ生姜など赤いものに使われるおめでたい言葉。旭生姜など。

## 淡路結び《あわじむすび》

水引の結び方で、結びきりの一種。結びきりは、両端を引っ張っても解けない結び方で、一度きりを願う祝い事や、ふたたびないことを願う弔い事に使う。淡路の名称は、能「高砂」に出てくる「波の淡路の島影や…」、すなわち、鳴門海峡の波の形からきているのではないかと思われる。

## 市松《いちまつ》

市松模様のこと。2色の正方形を交互に規則正しく組み合わせた模様。松がつくことから、おめでたい名称として使われる。

## 打出小槌《うちでのこづち》

宝の一つ。振れば自分の望むものが出てくるという小槌。七福神の1人、大黒天が右手に持つことから、富の象徴とされる。

## 梅《うめ》

松竹梅、四君子の一つ。厳冬に耐えて、春のさきがけとして凛と咲くことから、高潔、清純、節操などの象徴とされ、松、竹とともに「歳寒の三友」として尊ばれた。また老木にも花が咲くことから、長寿を願う気持ちも表わす。松竹梅、四君子として使われるほか、光琳梅、紅梅、白梅、槍梅、横梅、梅鉢、福良梅などさまざまな形でおめでたい席を飾る。

## 裏白《うらじろ》

ウラジロ科の常緑羊歯（しだ）。裏が白いことから、二心のないことを示す。また、胞子が多く着くことから子孫繁栄、2枚の葉が向き合ってくっついていることから夫婦和合の象徴とされ、さらに羊歯の歯の字が年齢を示すことから長寿を意味する。鏡餅などのお供えものや、料理の青掻敷として使われる。

## 恵比須《えびす》

七福神の1人。鯛を釣り上げる姿に描かれ、海上、漁業の神、商売繁盛の神として信仰される。

## 老松《おいまつ》

樹齢の長い老いた松のこと。長寿の象徴とされる。→松

## 扇《おうぎ》

扇子のこと。先にいくほど広がる形から末広とも呼ばれ、繁栄の象徴とされる。開いた状態（開扇）、半分開いた状態（半開扇）、閉じた状態（主に鉄扇）などがあるが、いずれもおめでたい形として祝儀の場で使われる。開扇形の器は要を下にして、半開扇形、鉄扇形の器は要を右にしておくのが正位置。いくつかの扇を合わせた組扇や重ね扇などの意匠もある。料理では、野菜を扇形にむき、扇面○○、扇○○と呼んだり、蒲鉾の形、のし鳥の形などにもこの言葉が使われる。

## 翁《おきな》

年をとった男性。長寿を象徴する。白髪のような白さを表わす言葉として、おぼろ昆布を使った料理、長芋を使った料理などに使われる言葉。翁和え、翁巻きなど。

## 鴛鴦《おしどり》

カモ目の水鳥。雄、雌、一対で描かれることが多く、夫婦、男女の仲のよい様子を表わす。夫婦円満の象徴として、婚礼などでよく使われる意匠。

## お多福《おたふく》

女性の象徴。ふっくらと豊かなイメージを表わす。「お多福」の文字も縁起がよい。

## 雄蝶《おちょう》

雄の蝶。婚礼の席で銚子などの酒器につける紙飾りを雄蝶飾りといい、雌蝶飾りと一対にして使う。↓蝶

## 鏡、鑑《かがみ》

三種の神器の一つに八咫の鏡があることから、神聖なもの、清浄なものを表わす。鏡柚子など、円形のものに使う言葉。鏡餅は円形の鏡のように平たく作った大小の餅を重ね、正月に神仏に供えるもの。

## 重ね《かさね》

「よいことが重なる」として、祝儀の席で好んで使われる言葉。何枚重ねてもよいが、4枚は避け、2枚または奇数枚を重ねるのがよいとされる。不祝儀では使わない。

## 頭《かしら》

人の上に立つ意。頭芋、八つ頭、尾頭付きなど、いずれもおめでたい表現。出世、成功を願って使われる。

## 門松《かどまつ》

新年に年神（としがみ）を迎える依代（よりしろ）として家々の門口に立てて飾る松。松飾りともいう。松の内は、正月の松飾りのある間をいい、昔は元日から15日まで、現在は一般に7日までをいう。

## 亀《かめ》

鶴は千年、亀は万年とたとえられるように、寿命が長いことから、長寿を象徴する。意匠としては、亀甲（甲羅の六角形の模様）を表わしたものが多い。また、透明な茶褐色、黄褐色の料理に鼈甲の名称をつけることがある。

## 砧、絹田《きぬた》

反物を打つ台。石や木の台の上に布をおき、木槌で布を打ってつやを出す。本来は道具のことをいうが、打った絹をイメージして使うことも多い。反物は財宝になることから、裕福、富の象徴とされる。蕪や大根の桂むきで巻いたものをいうのが一般的。

## 金《きん》

金はその耐久性、不変性から「永遠」を表わす色とされる。また、高価なものの象徴として、富を表わす。黄金、金糸、金天、金団など、黄色い料理の名称に使われる。

## 孔雀《くじゃく》

羽根を扇のように広げることから（末広がり）、おめでたいとされる。華やかな色合いも祝儀を彩るのにふさわしい。

## 熊手《くまで》

福を「かき寄せる」ことからおめでたいとされる。

## 源氏車《げんじぐるま》

公家が乗る牛車。車輪の輪が、おめでたさを表わす。→御所車、輪

## 鯉《こい》

鯉が滝を登って龍になったという、中国の「登龍門」伝説から、立身出世の象徴とされた。鯉が「来い」、すなわち招き入れることにつながることからも、縁起がよいとされた。

## 鯉幟《こいのぼり》

端午の節句に、男子の健やかな成長を願って飾ったもの。竿を立て、上から矢車、吹流し、真鯉（黒）、緋鯉（赤）、子鯉（青）と付ける。もともと吹流しに鯉の絵を書いたのが始まりで、後に、真鯉、緋鯉、子鯉などが追加されていったという。最近では華やかな色彩のものも多い。

## 紅白《こうはく》

紅は、古来から呪術に使われる色で、陰陽五行説では「火」を表わし、魔物を退ける色とされた。一方、白は、古くから神を表わす清浄な色とされ、供物や神官の衣服の色として使われてきた。紅白という組み合わせは、太陽、火、光、華やかさと結びつく紅と、神聖、神秘、清浄を表わす白を一対にし、人と神との結びつきを強め、幸運を招こうとしたものだといわれる。

## 蝙蝠《こうもり》

蝠の字が「福」の音と重なることから、縁起がよいとされる。

## 黄金《こがね》

財宝、富の象徴とされる。→金

## 御所車《ごしょぐるま》

公家が乗る牛車。雅びな御所らしさを象徴

するとともに、車輪の輪でおめでたさを表わす。源氏車も同じ。↓輪

## 小槌《こづち》

↓打出小槌

## 小判《こばん》

財産、富につながることから、縁起がよいとされる。色（黄金色）と形（楕円形）の両方で、おめでたさが表現される。小判唐墨、小判平貝（黄身焼きのこと）など。

## 子持ち《こもち》

何かを抱かせたもの、射込んだもの、真ん中に巻いたものなどに使われる名称で、子孫繁栄を表わす。子持ち海老、子持ち椎茸。子持ち鰆など。

## 石榴《ざくろ》

実がたくさん成ることから、子孫繁栄を表わす。

## 笹《ささ》

竹に生える葉のこと。とくに小型の竹をいう。↓竹

## 三蓋松《さんがいまつ》

枝葉が3層に重なった松。↓松

## 鹿《しか》

神の使い、仙獣などといわれ、おめでたいとされる。七福神の1人、寿老人が連れていたという。

## 四君子《しくんし》

竹、梅、菊、蘭のこと。中国で、その高潔な美しさが、理想的な君子の人格を表わすものとして尊ばれ、日本でもおめでたい意匠として定着した。

## 七五三《しちごさん》

子どもの成長を祝う行事。「袴着」や「帯解」などの武家の儀式に由来するもので、そこに陽数（奇数）を尊ぶ陰陽論が影響して、現在の形（男子は3歳と5歳、女子は3歳と7歳の年の11月15日に氏神に参詣する）に定着したといわれる。

## 七福神《しちふくじん》

大黒天、恵比須、毘沙門天、弁財天、福禄寿、寿老人、布袋の七神。これらはそれぞれ別々に崇拝される神であったが、七神が宝船に乗って福を運んでくるという説が流行したことから、七福神として括られるよ

うになったという。

七宝《しっぽう》

金、銀、瑠璃、玻璃、しゃこ、珊瑚、瑪瑙（めのう）の七つの宝をいう。財宝、富につながるとして、縁起のよいものとされる。7種の具を入れた料理などに使われる名称。また、一般的によく知られるのは七宝繋ぎ紋で、これは円を規則的に少しずつ重ねてできる文様。透かしや地紋など、器の意匠としてポピュラーである。

松竹梅《しょうちくばい》

松、竹、梅は冬の寒さに耐える強さを持つことから、中国で「歳寒の三友」として尊ばれた。これが日本にも伝わり、縁起のよい組み合わせとして定着した。

白髪《しらが》

長寿を表わす言葉として、長芋や、細く切った葱を使った料理に使われる。

末広《すえひろ》

扇、扇子のこと。末にいくほど広がる形からこの名がある。運勢が次第に広がっていく（栄えていく）ようにとの願いを込め、祝儀の言葉として使われる。↓扇

巣籠り《すごもり》

雛鳥を育てるために親鳥が巣に籠ること。子孫繁栄を願う言葉。親鳥が丸くなって巣を温めている形を表現することが多い。

鈴《すず》

宝の一つ。財宝、富を表わす。

青海波《せいがいは》

連続する穏やかな波の様子を表わした文様。平穏無事の象徴として、縁起がよいとされる。

扇面《せんめん》

↓扇

千両《せんりょう》

お金の単位。また、実がたくさん成る千両（センリョウ科の常緑樹）にもかけて、裕福、富を表わす。

鯛《たい》

「めでたい」の語呂合わせと、姿かたちのよさから、吉祥魚とされる。

高砂《たかさご》

能「高砂」の中で、老夫婦が仲むつまじい姿を見せる一場面。高砂の台といわれる嶋

台は、その場面を描いたもので、州浜形の台に相生の松を立て、その樹下に老夫婦、尉（じょう）と姥（うば）が据えてある。尉は熊手を持ち、姥は箒を持ってそれに寄り添う、いわゆる高砂人形といわれるものである。これは長寿と夫婦円満の象徴として、婚礼には付き物の飾り台となっている。

## 宝尽くし《たからづくし》

如意宝珠、宝やく（宝庫をあけるカギ）、宝剣、払子（ほっす）、打出小槌、巻物、金嚢（巾着）、隠れ蓑、隠れ笠、分銅、丁子、花輪違い、金函、珊瑚、ほら貝、くす玉、鈴、筒守、方勝など、さまざまな宝を集めて描いた図柄。内容は、仏教で使われる道具や楽器、神の示現をあらわす笠や蓑、知識や教養を表わす巻物や書物、願いをかなえてくれる宝珠や打出小槌、金銀財宝が入った巾着、貴重な香料であった丁子など、宗教的なものから世俗的なものまでさまざまで、時代や地方、好みによって取り合わせが異なる。

## 宝船《たからぶね》

七福神がこれに乗って海からやって来るとされた船。

## 竹《たけ》

成長が早く、天に向かってまっすぐに伸びること、常緑樹であることから、長寿や生命力を表わし、縁起がよいとされる。また節は節度の象徴とされる。

## 橘《たちばな》

伝説によると、昔、不老長寿の常世の国（とこよのくに）から持ち帰ったとされる霊薬が橘であったという。そこから、延命長寿を表わす縁起物とされる。

## 手綱《たづな》

より合わせることから、縁起がよいとされる。

## 俵《たわら》

五穀豊穣をあらわす。俵の形に作った料理に使う名称。また俵盛りは、下に2つ、上に1つまっすぐに重ねて盛る盛り方。

## 千歳《ちとせ》

千年のこと。転じてそれほどに長い年月をいい、長寿を表わす。

## 千代《ちよ》

千年、また、非常に長い年月。長寿を表わす。「千代に八千代に」は、いく千年も栄えることを願う言葉。

## 蝶《ちょう》

つがいの2匹が仲むつまじく舞い飛ぶ様子から、夫婦円満を表わす。婚礼で使われる銚子や提子などの酒器には、和紙で作った雄蝶飾り、雌蝶飾りを一対で付けるのが習わし。

## 鼓《つづみ》

宝の一つ。また、鳴り物が「成り物」につながることから、豊かな実りを表わす。

## 繋ぎ《つなぎ》

縁が繋がる、よいことが繋がることから、おめでたい言葉。七宝繋ぎ、花菱繋ぎなど、文様の名称として使われることが多い。

## つの字《つのじ》

腰が曲がった状態を「つの字」と表現し、長寿を祝う。つの字海老。

## 鶴《つる》

鶴は千年、亀は万年とたとえられるように、長寿を表わす。また、七福神の1人、福禄寿が従えているとされる。舞鶴、飛鶴、翔鶴、群鶴、双鶴、向鶴、立ち鶴、鶴の子、鶴亀、千羽鶴、翔鶴、雲鶴など、さまざまな意匠として祝儀の席を飾る。

## 鉄扇《てっせん》

末広と同様、末広がりでおめでたい。鉄扇は骨が鉄製の扇で、護身用に武士が身につけたもの。武運長久、勇ましさも表わす。

## 常磐木《ときわぎ》

松などの常緑樹を指していう。生命力、英気、長寿を表わす。緑色の料理に使われる言葉。

## 留め《とめ》

祝いごとが流れないように、「止め」に代わって使う言葉。

## 共白髪《ともしらが》

夫婦が共に白髪になるまで仲むつまじく長生きすること。長寿、夫婦円満を表わす。結納品の一つ。友白髪とも書く。

## 茄子《なす》

茄子を、ものごとを「成す」にかけて。成功、出世などを表わす。

## 鳴門《なると》

鳴門海峡の渦潮にたとえ、渦巻き状の切り口を見せた料理、渦巻き状に巻いた料理などに使う言葉。中心は必ず「の」の字になるように盛るのが祝儀の約束。巻物は宝の一つで、縁起がよい。

## 南天《なんてん》

南天を難転、すなわち難を転じるにかけて、家内安全や招福などを願う。

## 錦《にしき》

色とりどりで美しいものをたとえていう。錦なますなど。また、卵を黄身と白身に分けて二色にした料理を錦玉子という。

## 根引きの松《ねびきのまつ》

根の付いた小さな松。根が付いていることが大切で、そこから若い松の生命力やエネルギーを吸収しようというもの。正月の松飾りにも使われる。

## 年輪《ねんりん》

年を重ねること、経験を重ねることの貴さを表わし、長寿を願う。何層にも重ねた料理につける名称。年輪玉子など。

## 熨斗《のし》

熨斗の原形は、鮑を薄く長くのして乾燥させた熨斗鮑。ご縁が永く続くことを願って和紙で包み、祝儀の贈答品に添えたものが、現在の熨斗につながっている。「のす」は「延す」、すなわち長引くことを意味するため、不祝儀には付けないのが約束。料理としては熨斗海老、熨斗鳥など。また熨斗鮑を束ねた意匠、「束ね熨斗」は、おめでたい器の定番である。

## 博多《はかた》

博多帯の縞模様のような切り口の料理。2種以上の材料を重ねて作る。おめでたいことが「重なる」ようにと、願いを込める。

## 瓢《ひさご》

瓢は「ふくべ」とも読むことから、福に通じておめでたい。また、瓢を6つ描いたものは「六瓢（むびょう）」といわれ、無病につながるとして縁起がよいとされる。

## 雛飾り《ひなかざり》

内裏雛の飾り方は、向かって左が男雛、向かって右が女雛。同様に左が橘、右が桜。ただし、京都など関西地方では内裏雛は逆にすることが多い。三人官女はそれぞれ、右から長柄銚子、三方、提子を持ち、酒を注ぐ役目。五人囃子は能のお囃子を奏でる五人の楽人で、右から地謡（じうたい）、笛、小鼓、大鼓、太鼓の役を担っている。

## 日の出《ひので》

光り輝く太陽は生命の象徴。日の出はものごとの始まりを意味するおめでたい言葉。主に丸いもの、紅いものに使われる。日の出人参、日の出波、日の出椀など。

## 富貴長春《ふうきちょうしゅん》

富と地位、長寿を願う言葉。富貴長命と同じ。

## 富貴長命《ふうきちょうめい》

富と地位、長寿を祝う言葉。茶碗の蓋などによく描かれる。

## 袱紗《ふくさ》

2つのものを合わせる、または重ねる意で、おめでたい言葉。袱紗和え、袱紗味噌仕立など。

## 福袋《ふくぶくろ》

いろいろなものを入れて封をし、中身が見えない状態で選び取らせるお楽しみ袋。「福袋」の文字から縁起物とされる。料理では、湯葉などを袋状にして中に具を入れ、揚げたり煮たりしたものなど。

## 福良雀《ふくらすずめ》

肥えてふくれた雀の子。「福良」の文字からおめでたいとされる。ふっくらとして可愛らしいものに使われる。

## 福禄寿《ふくろくじゅ》

七福神の一人。経巻を結びつけた杖を持ち、鶴を従える。

## 富士《ふじ》

日本一の霊峰として、おめでたさの極みとされる。初夢で見るともっとも縁起がよいといわれる。松や鶴など、他のおめでたい事物と合わせて描かれることが多い。

## 分銅《ふんどう》

棹秤や天秤で目方を計る時に標準とするおもり。宝の一つ。お金につながることから、財宝、富を表わす。

## 鳳凰《ほうおう》

想像上の瑞鳥。器の文様として描かれることが多い。

宝珠《ほうじゅ》

宝の一つ。如意宝珠のこと。あらゆる願いをかなえることができる珠。

豊年《ほうねん》

五穀豊穣を表わすおめでたい言葉。料理では、米を使ったものに使われる名称である。煎り米を付けて揚げる豊年揚げ、道明寺粉を付けて蒸す豊年蒸しなど。実り揚げ、実り蒸しともいう。

蓬莱《ほうらい》

中国の伝説で、仙人が棲むという山。不老不死の霊山とされ、蓬莱山、蓬莱島、蓬が島などとも呼ばれる。延命長寿を象徴する題材として、婚礼や正月などの飾り物に使われる。なお、鶴と亀はこの仙界に棲む動物といわれ、長寿のシンボルとされる。

宝来《ほうらい》

蓬莱のあて字。→蓬莱

宝楽《ほうらく》

素焼きの平たい土鍋。焙烙のあて字。

牡丹《ぼたん》

花の豪華さから、裕福なさまを表わす。

巻物《まきもの》

宝の一つ。文書、知恵の象徴。家系図も表わし、系図が作れる＝家督が守れることを表わす。

真砂《まさご》

魚卵を使った料理につける名称。子孫繁栄を表わすおめでたい言葉。真砂和えなど。

松《まつ》

松は、冬の寒さに耐えて変わらずに青さを保つ常緑樹であることから、中国では竹、梅とともに「歳寒の三友」と呼ばれて尊ばれ、日本でも松竹梅として、おめでたい極みとされた。また、古くから神霊が宿る御神木として信仰の対象でもあったため、正月飾りや神事などにも縁起物として用いられた。根引きの松、若松、老松などの樹齢別、五葉松、唐松、大王松などの種類別、松葉、松笠、松ヶ枝、三蓋松などの形別といろいろな意匠がある。また松竹梅だけでなく、鶴、富士、洲浜などとの組み合わせも、おめでたい図柄として広く浸透している。

松笠《まつかさ》

松ぼっくりのこと。野菜やトコブシなどをこの形にむく仕事は、祝儀の料理の定番。→松

## 松皮《まつかわ》

ウロコのように重なりあった松の表皮を模した料理につけられる名称。↓松

## 松葉《まつば》

松葉は2本がくっついた状態になっており、落ちる時にも1本にならないことから、夫婦和合の象徴とされる。↓松

## 水引《みずひき》

水引は一度クセをつけたらなおらないことから使い回しができず、これを結ぶことは、真新しいもの、清浄なものであるという意味を持つ。何本かを束ねて結ぶ水引はおめでたいとされ、紅白でこれを表現すれば縁起がよい演出となる。不祝儀には用いない。

## 緑、翠《みどり》

幼な子をみどりご（嬰児、緑子）というように、緑はみずみずしさ、若々しさを表わす言葉。人が生命を保つ上で欠かせない植物の色でもある。常緑樹は生命力の象徴として尊ばれた。

## 蓑笠《みのがさ》

蓑と笠。いずれも宝の一つ。雨露がしのげることから、豊かさを表わす。

## 蓑亀《みのがめ》

甲羅に緑藻が着床した石亀。蓑をまとっているように見えることから、蓑亀といわれる。亀の中でもとくにおめでたいものとされる。

## 結び《むすび》

「縁を結ぶ」ことから、結納や婚礼によく使われる言葉。

## 六瓢《むびょう》

↓瓢（ひさご）

## 雌蝶《めちょう》

雌の蝶。婚礼の席で提子などの酒器につける紙飾りを雌蝶飾りといい、雄蝶飾りと一対にして使う。↓蝶

## 木目《もくめ》

年輪と同様に、年を重ねること、経験を重ねることの貴さを表わし、長寿を願う。何層にも重ねた料理につける名称。木目羹（羊羹）など。

## 桃《もも》

邪気をはらう力があるとされ、延命長寿を表わす。また、たくさんの実が成ることから、多産、子宝の象徴として縁起がよいも

のとされる。

八重《やえ》
八つ重なっているさま、数多く重なっている様子を表わす。慶び事が重なることに加え、八は末広がりであることから、縁起のよい言葉。八重作りなど。

八千代《やちよ》
８００年のこと。また、きわめて長い年月。長寿を象徴する言葉。↓千代

矢羽根《やばね》
的を射止める、的に当たることを意味する。成功、達成などの象徴として、縁起のよい言葉とされる。

譲り葉《ゆずりは》
若葉が生えてきてから古い葉が落ちることから、代の継承、子孫繁栄を表わす。

養老《ようろう》
長芋などを使い、白髪のように白く仕上げた料理、湯葉を使った料理につけられる名称。シワの寄った湯葉は老人にたとえられる。長寿を祝い、健康を願う料理として。

寄せる《よせる》
福をかき寄せることから、縁起がよいとされる。人が集まる、子供が増える、よいことが寄せ集まるといった意味も持つ。ただし、吹き寄せは落ち葉の吹きだまりであることから祝儀では使わない。

龍《りゅう》
想像上の動物。中国では雲雨を自在にあやつる力を持つとされ、宮廷権力の象徴ともされた。同じく想像上の動物、鳳凰とともに、器の文様としてよく描かれる。

輪《わ》
人の輪が繋がっていくこと、ものごとが丸くおさまることを表わす縁起のよい言葉。「輪繋ぎ」も同様。

若松《わかまつ》
若い松。年始の飾りなどに用いる。↓松

蕨手《わらびで》
いくつもの手でものをつかみ取ろうとするような形が、財をつかむこと、運をつかむことにつながり、縁起がよい。

# おめでたい素材集

形や色、名前など、素材そのものが、おめでたい由来を持つものがある。祝儀の席では、こうした素材をうまく献立に組み込んで、お祝の雰囲気を盛り上げたい。

## 小豆《あずき》

食物を紅く染めることができることから、祝儀の席で用いられた。とくに赤飯には欠かせない。また、「まめ」に暮らせるようにとの願いを込める（豆類共通）。

## 鮑《あわび》

薄く長くのして乾燥させて作った熨斗鮑が、古くから神饌や酒肴として珍重された。後に和紙で包み、不祝儀ではないことを示す印として贈答品に添える習慣が生まれ、これが現在の熨斗の原形となった。片貝なので、本来は婚礼では使わないものであったが、「長く伸びる＝ご縁の永続」を表わし、結納品の一つとして欠かせないものとなっている。今では高級素材＝ご馳走として婚礼料理などに生の鮑が出されることも多い。また、その代わりとして常節もよく使われる。

## いくら《いくら》

子がたくさん＝多産の象徴として、子孫繁栄を願う（魚卵に共通）。中でもいくらは、難を転じるとされる南天に見立てて使われることもある。

## 伊勢海老《いせえび》

殻が武士の鎧を連想させることから、武運長久（立身出世）を表わす。ゆでると紅い色が美しく、姿もよいことから祝儀の席で珍重される。また、海老の文字は海の老人と書くことから、長寿を表わす。→海老

## 鰍《いなだ》

ぶりの幼魚。出世魚なのでおめでたいとされる。→ぶり

## 稲穂《いなほ》

豊かな実り、五穀豊穣を表わす。揚げて使うのが一般的。

### 祝粉《いわいこ》

祝儀の献立で、一般には胡椒のことをいう。「故障」につながる言葉を避けて使う。粉山椒など、他の粉類に使う場合もある。

### 祝菜《いわいな》

祝儀の献立で、一般には小松菜のことをいう。

### 岩茸《いわたけ》

断崖絶壁に生えることから、仙人が食べていたといわれる。不老長寿を表わす。

### 梅《うめ》

梅は寒さに耐えて春いちばんに花を咲かせることから吉兆とされた。また、高潔、清純などの象徴ともされ、松、竹とともに「歳寒の三友」として尊ばれ、おめでたいものの筆頭とされた。青梅、梅干しも同様の意味を持つ。

### 梅干し《うめぼし》

シワの寄った梅干しは、長寿の象徴とされる。→梅

### 海老《えび》

海老の文字は海の老人と書くことから、さらに腰が曲がった姿にたとえて、長寿を表わす。また、ゆでると紅白の色合いが美しいことから、おめでたさを表わす。まっすぐに仕上げた場合は、熨斗海老などの言葉を使うとよい。

### 尾頭付き《おかしらつき》

人の頭になることを表わす。

### お多福豆《おたふくまめ》

大粒の乾燥そらまめのこと。「お多福」の文字と、ふっくらとした姿がおめでたいとされる。「まめ」に暮らせることも意味する。

### 数の子《かずのこ》

数多い子で、子孫繁栄につながる。

### 勝栗《かちぐり》

栗を搗いて乾燥させた保存食。臼で「搗く（つく）」ことを古語では「搗つ（かつ）」といったことから、これを「勝つ」に転じて、戦の時などの縁起物とした。

### 鰹節《かつおぶし》

「勝男武士」と書いて、夫の立身出世を願う縁起物とされた。雄節（背）、雌節（腹）をもとの形のように一対にして結わいたも

のが、結納品や婚礼の引出物の定番となっている。松男と書いてかつおと読ませる場合もある。

## 蕪《かぶ》

蕪は鈴菜ともいわれる。これを宝の一つである鈴にかけて。また、鈴成り、すなわち実がたくさん成る様子につながることから も、おめでたいとされる。

## 唐墨《からすみ》

ぼらの卵巣の塩乾品。他の魚卵と同様、子がたくさん=多産の象徴とされる。「家来寿美」の文字をあて、家によいことが来る縁起物とした。

## 鱚《きす》

魚へんに喜ぶと書くので縁起がよいとされる。「喜寿」のあて字でさらにおめでたさを表わす。

## 黒豆《くろまめ》

語呂合わせで、「まめ」に達者に暮らせるようにとの願いを込める（豆類共通）。

## 慈姑《くわい》

芽が出ることから、おめでたいとされた。成功、出世を表わす。

## 鯉《こい》

鯉は日本では古くから、海、川、すべての魚の中で最上位とされた魚。鯉が滝を登って龍になったという中国の「登龍門」伝説の影響もあり、立身出世の象徴、魚の中の魚とされた。また、鯉が「来い」、すなわち招き入れることにつながることからも、縁起がよいとされた。

## 牛蒡《ごぼう》

地下に強く根を張ることから、基礎、土台がしっかりしていることを表わす。

## 米《こめ》

日本は米文化の国。古来より米はもっとも身近で貴重な存在であった。神饌としても供えられ、いちばんありがたいものという意識が浸透している。米はあらゆる穀物を代表し、五穀豊穣の象徴として、縁起物とされる。

## 子持ち昆布《こもちこぶ》

昆布ににしんの卵（数の子）が産みつけられたもので、一般には塩漬けにされる。昆布と数の子の両方から、多産の象徴、子孫繁栄を願うものとして。→数の子、昆布

## 昆布《こんぶ》

昆布は古名を「広布（ひろめ）」ということから、喜びが「広まる」「お披露目する」ことにかけて。また、真昆布は古名を「夷子女（えびすめ）」ともいい、七福神の恵比須天に通じることから、福を呼ぶとされた。さらに「よろこぶ」の語呂合わせでもある。なお、昆布は精進料理の材料として不祝儀にもよく使われる。その場合は表現、名称、使い方に注意をする。

## ささげ《ささげ》

小豆と同様、紅く染める目的で赤飯などに使われた。「まめ」に達者に暮らせるようにとの願いは豆類に共通。

## 里芋《さといも》

親芋のまわりに、たくさんの子芋がつくことから、子孫繁栄を表わす。

## 白玉《しらたま》

白玉団子のこと。真っ白な姿が白無垢にたとえられ、清らかさを表わす。

## 神馬藻《じんばそう》

↓ほんだわら

## 鱸《すずき》

出世魚なのでおめでたいとされる。すずきは、せいご↓ふっこ↓すずきと成長する。若いものはなお好まれる。

## 酸橘《すだち》

「寿だち」と書き、新しい門出＝巣立ちにかけて、おめでたさを表現。

## 鯣《するめ》

烏賊を開いて乾燥させたもの。長期保存が可能なことから、久しく家に留まる＝末永く幸せであることの象徴とされる。また、噛めば噛むほど味わいが出ることから、夫婦の理想像にたとえられる。結納品の一つで、「寿留女」の文字をあてておめでたさを表わす。「する」を避けて「あたりめ」ともいわれる。

## 鯖《せいご》

すずきの幼魚。出世魚であることから、縁起がよいとされる。「世意子」と書いて、世継ぎ（代の継承）の意味も表わす。↓すずき

## 鯛《たい》

紅い色、ふくよかで立派な姿、味のよさなどから吉祥魚とされ、「めでたい」の語呂

合わせもあって、縁起物の魚の筆頭とされる。春は桜鯛、秋は紅葉鯛といわれるが、祝儀の席では紅葉鯛という言葉は使わない（落葉するので）。

## 橙《だいだい》

冬に熟れて黄色くなり、春先にふたたび緑になり、落下することなくまた冬に黄色くなる実があることから、代の継承、子孫繁栄を表わす。

## 筍《たけのこ》

筍は勢いよくぐんぐん伸びることから、子どもの成長、立身出世などを表わす。また竹は、まっすぐ天に向かって伸び、必ず節があることから、節度の象徴ともされる。

## 蛸《たこ》

八本の足が八方に伸びることから、繁栄を表わす。足を広げた形と、八の字の両方が末広がりに通じる。

## 鱈子《たらこ》

子がたくさん＝多産の象徴として、他の魚卵と同様、子孫繁栄を表わす。魚卵を使った和えものは真砂和えといわれ、祝儀の席にふさわしい。

## 団子《だんご》

米を使った団子は、五穀豊穣を表わす。串に差して、真ん丸の形状がいくつも連なることが、おめでたさが重なることに通じる。

## 草石蚕《ちょろぎ》

草石蚕の地下茎の先端部分。巻き貝の形をしている。紅く染め、「長老貴」「千代呂木」などの字をあてて、正月の黒豆などに添え、長寿を願う。

## 長芋《ながいも》

長さと白さが白髪を思わせることから、長寿を表わす。

## 茄子《なす》

ものごとを「成す」を「茄子」にかけて、成功、立身出世などを表わす。正月、初夢に見ると縁起がよいとされるものの三番目にも挙げられている（一富士、二鷹、三なすび）。

## のし梅《のしうめ》

梅の果肉をつぶし、砂糖、寒天を加えてゼリー状にしたもの。梅のおめでたさと、熨斗のおめでたさが重なった縁起物。

## 蛤《はまぐり》

蛤の殻の付け根には大きな凹凸があり、最初にくっついていた殻以外とは、けっしてかみ合わないことから、夫婦和合、貞節の象徴とされる。婚礼や上巳の節句（雛祭り）の料理には欠かせない。

## 蕗《ふき》

「富貴」と書いて、財産と地位に恵まれることを願う。

## 鮒《ふな》

子持ちの鮒は、子宝に恵まれることを表わし、縁起がよいとされる。

## 鰤《ぶり》

出世魚なのでおめでたいとされる。「いなだ」も同様。わかし→わかなご→いなだ→わらさ→ぶり。関西では、つばす→はまち→めじろ→ぶり。若いものはなお好まれ、多くは男子の祝い事に使われる。

## 鯔《ぼら》

出世魚なのでおめでたいとされる。男子の祝い事に多く使われる。おぼこ→いな→ぼら。若いものはなお好まれる。

## 神馬藻《ほんだわら》

ホンダワラ科の海藻。「馬尾藻」とも書き、神馬の尾という意味。また、実が米俵のように見えることから「穂俵」とも書き、実りの象徴として縁起がよいとされる。じんばそうともいう。

## 海松貝《みるがい》

松の字から、おめでたいとされる貝。

## 餅《もち》

古くから神饌でもあった餅は、米と同様、縁起がよいものとされる。丸い形も円満であることを表わしておめでたい。また、餅→持ち→力持ち、金持ちなどにかけて、健康、財産などに恵まれることを願う。さらに「持ち」は長持ちにもつながることから、ご縁が永く続くことを願う意味でも使われる。逆に不祝儀には使わない。

## 山芋《やまいも》

地下に深く根を張ることから、地に足をつけた安定した状態を表わす。また、細く、長く、粘り強く生きる＝長寿の象徴とされる。

## 蓮根《れんこん》

たくさんの穴があり、先の見通しがよいことから、縁起物として使われる。その意味から、お祝に使う時には蓮根には詰め物をしないほうがよい。

若芽《わかめ》

若布を「若芽」と書き、芽が出ることから縁起がよいとする。

蕨《わらび》

春にさきがけて芽吹くことから縁起がよいとされる。また、天に手を突き上げてものをつかむような姿から、招福（運をつかむこと）を表わす。

**おめでたい　あて字（例）**

酢の物→寿の物
猪口→千代口、千代久
焼物→家喜物
摘入→津美入
かじき→家事喜
鰹→勝男
唐墨→加良寿美、家来寿美
金海鼠→金子
昆布→子生婦
鰑→寿留女
豆腐→豆富
酸橘→寿だち
鰹節→勝男節
炊き合わせ→多喜合わせ
止め椀→留め椀
～巻き→～満喜
ごまめ→護真女、五万米
鮹→春子、春日子
数の子→加寿の子
鱚→喜寿
小蕪→子家婦
生姜→生賀
草石蚕→千代呂木、長老貴
蕗→富貴
搗栗→勝栗、勝久里
三方→三宝

**祝儀の席で使わないほうがよい言葉**

落ちる　落ち葉　落雁　終わる　返す　帰す　欠ける
切れる　切る　崩れる　崩す　壊れる　壊す　忍ぶ　忍び
裂く　割く　刺す　削ぐ　散る　止める　流す　濁る　離れる
汚す　汚れる　別れる　分かれる　割る　割れる　割山椒

**不祝儀の席で使わないほうがよい言葉**

集める　合わせる　重ねる　繋ぐ　連れる　連なる　引く
のす　延ばす　引っ張る　広める　巻く　巻き込む　結ぶ
寄せる　縒る

結納　　　ゆいのう　122
結納式の席次　ゆいのうしきの　124
結納の会食の席次　ゆいのうの　124
結納品　　ゆいのうひん　122
柚子の香頭　ゆずのこうとう　74・76
譲り葉　　ゆずりは　75・76・150
湯桶　　　ゆとう　20・23
養老　　　ようろう　150
寄せる　　よせる　150
与の重　　よのじゅう　127・129
与之膳　　よのぜん　15

【ら】
龍　　　　りゅう　150
霊祭一覧　れいさいいちらん　135
蓮根　　　れんこん　128・156

【わ】
輪　　　　わ　150
若松　　　わかまつ　82・83・150
若芽　　　わかめ　157
脇膳　　　わきぜん　15
和紙　　　わし　95・96
蕨　　　　わらび　157
蕨手　　　わらびで　150

福字　ふくのじ　89
福袋　ふくぶくろ　147
福良雀　ふくらすずめ　147
福禄寿　ふくろくじゅ　89・91・147
富士　ふじ　88・147
鮒　ふな　156
鰤　ぶり　156
分銅　ふんどう　147
米寿　べいじゅ　132
鳳凰　ほうおう　92・147
法事　ほうじ　135
法事会席　ほうじかいせき　24・26
法事の会食の席次　ほうじの　136
法事の席次　ほうじの　136
宝珠　ほうじゅ　148
奉書紙　ほうしょし　96
豊年　ほうねん　148
蓬莱　ほうらい　148
宝来　ほうらい　148
蓬莱飾り　ほうらいかざり　126
宝楽　ほうらく　148
牡丹　ぼたん　148
鯔　ぼら　156
本汁　ほんじる　14・22
本膳　ほんぜん　12・14・21・22
本膳形式　ほんぜんけいしき　12・14・20・22
本膳料理　ほんぜんりょうり　15
神馬藻　ほんだわら　156

【ま】
巻物　まきもの　148
真砂　まさご　148
松　まつ　75・76・148
松魚節　まつうおぶし　122
松笠　まつかさ　75・76・148
松皮　まつかわ　149
松喰鶴　まつくいづる　84
松葉　まつば　149
松雪　まつゆき　82
水引　みずひき　95・97・149
水引の約束事　みずひきの　100
水引に巻き形をつける　みずひきに　103
水引の扱い　みずひきの　103
三ツ重ね盃　みつがさねはい　78
三つ肴　みつざかな　128
緑、翠　みどり　149
蓑笠　みのがさ　149
蓑亀　みのがめ　149
海松貝　みるがい　156
むきもの（祝儀・不祝儀）　むきもの　77
向　むこう　22・24
結び　むすび　149
結びきり　むすびきり　98・100・102・106
結び文　むすびぶみ　87
結び文　むすびもん　87
胸鰭飾り　むなびれかざり　98・118
六瓢　むびょう　93・149
飯　めし　14・22
雌蝶　めちょう　149
雌蝶飾り　めちょうかざり　78・98・113
木目　もくめ　149
餅　もち　156
桃　もも　149
桃の節句　もものせっく　131
諸わな結び　もろわなむすび　100・107

【や】
八重　やえ　150
焼物　やきもの　24
焼物膳　やきものぜん　12・15
八千代　やちよ　150
八つ頭　やつがしら　128
家内喜樽、柳樽　やなぎだる　122
矢羽根　やばね　93・150
山芋　やまいも　156
結納　ゆいのう　122

珍寿　ちんじゅ　132
鼓　つづみ　145
繋ぎ　つなぎ　145
つの字　つのじ　145
椿皿　つばきざら　22
坪　つぼ　14・22
通夜・葬儀の席次　つや・そうぎの　136
鶴　つる　145
鶴掻敷　つるかいしき　98・111
鉄扇　てっせん　86・145
天紙　てんし　98・111
常磐木　ときわぎ　145
屠蘇　とそ　126
屠蘇飾り　とそかざり　80・98・114
屠蘇器　とそき　80
屠蘇散　とそさん　126
飛鶴　とびづる　85
留め　とめ　145
留椀代り　とめわんがわり　17・19
友志良賀、友白髪　ともしらが　122
共白髪　ともしらが　145

【な】

長芋　ながいも　155
長柄銚子　ながえちょうし　78・123
長熨斗　ながのし　122
茄子　なす　145・155
膾　なます　14
鳴門　なると　146
南天　なんてん　75・76・146
錦　にしき　146
錦玉子　にしきたまご　128
二の重　にのじゅう　127・129
二之汁　にのしる　14・23
二之膳　にのぜん　12・14・20・23
煮物　にもの　17・19・25
根引きの松　ねびきのまつ　82・146
年輪　ねんりん　146
熨斗　のし　87・146
熨斗の約束事　のしの　100
のし梅　のしうめ　155
熨斗包み　のしづつみ　98・116

【は】

博多　はかた　146
歯固め　はがため　130
袴料　はかまりょう　122
白寿　はくじゅ　132
箸初め　はしぞめ　130
箸揃え　はしぞろえ　130
箸立て　はしたて　130
箸包み　はしづつみ　98・108・109・110
箸包み（京都式）　はしづつみ　109
箸包みの置き方　はしづつみの　109
鉢肴　はちざかな　16・19
初節句　はつぜっく　131
初日の出　はつひので　88
蛤　はまぐり　92・156
飯器　はんき　20・23
万暦　ばんれき　92
引落膳　ひきおとしぜん　15
提子　ひさげ　78・123
瓢　ひさご　146
菱重　ひしがさね　93
雛飾り　ひなかざり　146
日の出　ひので　147
日の出鶴　ひのでづる　84・85
日の出波　ひのでなみ　88
平皿　ひらざら　15
平椀　ひらわん　23
鰭飾り　ひれかざり　98
富貴長春　ふうきちょうしゅん　89・147
富貴長命　ふうきちょうめい　147
蕗　ふき　156
蕗　ふき　156
袱紗　ふくさ　147

三三九度　さんさんくど　78・122
傘寿　さんじゅ　132
三の重　さんのじゅう　127・129
三之汁　さんのしる　15・23
三之膳　さんのぜん　13・15・21・23
三方　さんぼう　78
潮吹き　しおふき　118
鹿　しか　142
四君子　しくんし　81・142
四紅紙　しこうし　96
七五三　しちごさん　142
七福神　しちふくじん　91・142
七宝　しっぽう　90・91・143
七宝繋　しっぽうつなぎ　90
嶋台　しまだい　79
嶋台盛　しまだいもり　13・15・21
正月祝　しょうがついわい　80・126
正月飾り　しょうがつかざり　126
上巳の節句　じょうしのせっく　131
精進　しょうじん　24・26
精進料理　しょうじんりょうり　20・22・23・24・26
松竹梅　しょうちくばい　81・143
白髪　しらが　143
白玉　しらたま　154
汁　しる　25
人日の節句　じんじつのせっく　128
神馬藻　じんばそう　154
新暦と旧暦　しんれきときゅうれき　130
吸物　すいもの　16・18
末広、寿恵広　すえひろ　122・143
巣籠り　すごもり　143
巣籠り鶴　すごもりづる　84
鈴　すず　143
鱸　すずき　154
酸橘　すだち　154
酢の物　すのもの　17・19
洲浜台　すはまだい　79
寿留女、鯣　するめ　122・154
寿留女料　するめりょう　122
青海波　せいがいは　88・143
鯖　せいご　154
前菜　ぜんさい　24
扇面　せんめん　86・143
千両　せんりょう　143
双鶴　そうかく　84・85
卒寿　そつじゅ　132

【た】

鯛　たい　92・128・143・154
橙　だいだい　155
高砂　たかさご　143
宝尽くし　たからづくし　90・91・144
宝船　たからぶね　144
竹　たけ　144
筍　たけのこ　155
竹文　たけもん　82
蛸　たこ　155
叩き牛蒡　たたきごぼう　127
橘　たちばな　144
手綱　たづな　144
伊達巻　だてまき　128
束ね熨斗　たばねのし　87
鱈子　たらこ　155
樽料　たるりょう　122
俵　たわら　93・144
団子　だんご　155
端午の節句　たんごのせっく　131
檀紙　だんし　96
千歳　ちとせ　144
茶寿　ちゃじゅ　132
千代　ちよ　144
蝶　ちょう　145
銚子飾り　ちょうしかざり　108
蝶結び　ちょうむすび　98・100・107
猪口　ちょく　15
草石蚕　ちょろぎ　155

蕪　かぶ　153
蒲鉾　かまぼこ　127
紙搔敷　かみかいしき　98
亀　かめ　85・140
唐墨　からすみ　153
還暦　かんれき　132
木皿　きざら　23
喜寿　きじゅ　132
紀寿　きじゅ　132
鱚　きす　153
吉字　きちのじ　89
亀甲　きっこう　84
吉祥文字　きっしょうもじ　89
忌日一覧　きにちいちらん　135
砧、絹田　きぬた　140
逆淡路結び　ぎゃくあわじむすび　105
金　きん　141
金婚式　きんこんしき　123
銀婚式　ぎんこんしき　123
巾着袋　きんちゃくぶくろ　87
金団　きんとん　128
喰い切り　くいきり　18
孔雀　くじゃく　141
口代り　くちがわり　17・19
口取肴　くちとりざかな　28
熊手　くまで　141
組扇　くみおうぎ　86
黒豆　くろまめ　127・153
慈姑　くわい　153
群鶴　ぐんかく　85
敬老の日　けいろうのひ　132
結婚記念式　けっこんきねんしき 123
結婚披露宴の席次　けっこんひろうえんの　125
源氏車　げんじぐるま　141
鯉　こい　141・153
鯉幟　こいのぼり　141
皇寿　こうじゅ　132
香の物　こうのもの　25
紅白　こうはく　141
蝙蝠　こうもり　93・141
黄金　こがね　141
古稀　こき　132
小正月　こしょうがつ　128
御所車　ごしょぐるま　141
五節句　ごせっく　131
五段重　ごだんじゅう　80・127・129
小附　こづけ　15
小槌　こづち　91・142
寿字　ことぶきのじ　89
五の重　ごのじゅう　127・129
小判　こばん　142
御飯　ごはん　17・19・25
昆布巻　こぶまき　127
牛蒡　ごぼう　153
五万米　ごまめ　127
米　こめ　153
子持ち　こもち　142
子持ち昆布　こもちこぶ　153
五葉松　ごようまつ　82
子生婦　こんぶ　122
昆布　こんぶ　154
子生婦料　こんぶりょう　122
婚礼　こんれい　122
婚礼会席　こんれいかいせき　16・18
婚礼献立の書き方　こんれいこんだての　27
婚礼式の席次　こんれいしきの　124
婚礼料理　こんれいりょうり　12・14・16・18

【さ】

歳寒の三友　さいかんのさんゆう　81
石榴　ざくろ　142
笹　ささ　75・76・142
ささげ　ささげ　154
差身　さしみ　15・16・19
里芋　さといも　154
三蓋松　さんがいまつ　142

## 総索引


【あ】

相生　あいおい　138

青掻敷　あおかいしき　75・76

青竹　あおだけ　75・76

曙　あけぼの　138

揚物　あげもの　17・19・25

旭、朝日　あさひ　138

小豆　あずき　151

淡路結び　あわじむすび　98・100・102・104・138

鮑　あわび　151

鮑結び　あわびむすび　102

いくら　いくら　151

伊勢海老　いせえび　151

一の重　いちのじゅう　127・129

市松　いちまつ　138

糸掛け　いとがけ　99・120

鯔　いなだ　151

稲穂　いなほ　151

祝粉　いわいこ　152

祝肴　いわいざかな　13・18・28・54

祝い三種　いわいさんしゅ　128

祝鯛　いわいだい　99

祝菜　いわいな　152

祝箸　いわいばし　80・123

岩茸　いわたけ　152

陰陽五行説　いんようごぎょうせつ　9

陰陽分類　いんようぶんるい　9

陰陽論　いんようろん　8

右紅左白　うこうさはく　100

打出小槌　うちでのこづち　139

器（祝儀・不祝儀）　うつわ　94

梅　うめ　139・152

梅干し　うめぼし　152

裏白　うらじろ　75・76・139

干支一覧　えといちらん　133

海老　えび　128・152

恵比須　えびす　139

老松　おいまつ　139

扇　おうぎ　139

尾頭付き　おかしらつき　152

翁　おきな　139

お喰い初め　おくいぞめ　130

鴛鴦　おしどり　92・140

おせち料理　おせちりょうり　126

おせち料理の献立　おせちりょうりの　129

おせち料理の由来　おせちりょうりの　127

お多福　おたふく　140

お多福豆　おたふくまめ　152

雄蝶　おちょう　140

雄蝶飾り　おちょうかざり　78・98・112

帯料　おびりょう　122

尾鰭飾り　おひれかざり　98・119

折形　おりかた　108

折り熨斗　おりのし　98・115

【か】

会席料理　かいせきりょうり　19

鏡、鑑　かがみ　140

重ね　かさね　140

重ね扇　かさねおうぎ　86

賀寿　がじゅ　132

頭　かしら　140

数の子　かずのこ　127・152

勝栗　かちぐり　152

勝男武士、勝男節、鰹節　かつおぶし　122・152

門松　かどまつ　140

金包　かねつつみ　122

## 参考文献


増補 日本料理法大全　石井治兵衛著 石井泰次郎校 清水桂一訳補 第一出版㈱

庖丁軌範　阿部孤柳著　ジャパンアート社

饗応の演出　器と料理　同朋舎出版

本式・略式 冠婚葬祭　㈱主婦の友社

日本料理 伝統・文化大事典　プロスター

別冊専門料理 日本料理献立百科　㈱柴田書店

別冊専門料理 日本料理の四季38・40号　㈱柴田書店

# あとがき

今の時代、おいしければそれでいいという価値観が主流になり、昔から大切に受け継がれてきた日本料理の繊細な技術や知識が、若い人たちに伝わらなくなってきています。実際に婚礼を料理屋で行なうというようなケースは激減していますし、日ごろの営業でも効率主義一辺倒。伝統的な仕事をきちんと伝えられる親方や先輩も少なくなり、伝えようにも伝えられないというのが現実かもしれません。

日本料理の素晴らしさはどこにあるのか。それは「らしさ」の表現だと、私は常々考えています。食べておいしいのはもちろんのことですが、それだけではなく、そこにおめでたらしさ、それぞれの行事らしさ、季節らしさを出して、お客さまへの思いを込める。そのことによって付加価値も高めることができますし、何より、お客さまにも気持ちが伝わります。なかでももっとも「らしさ」が求められるのが、冠婚葬祭の料理ではないでしょうか。

たとえば、夫婦がいく久しく幸せに、そして末永く一族が繁栄するようにとの願いを込めたのが婚礼料理です。1年の無病息災と一家の安泰を祈る気持ちを込めたのが正月料理です。また、不祝儀の料理には、逝く人を悼み、来世の安寧を願うという思いが込められています。そうした「らしさ」を表現するためには、調理技術だけでなく、その他に学ばなければならないことがたくさんあります。冠婚葬祭の料理には、まさに日本料理の粋が凝縮しているといっても過言ではありません。

本書では、職人たちが口伝、秘伝の形で伝えてきたたくさんの事柄の中から、日本料理を後世に伝えていく上で、ぜひ残しておきたいと思うことをしたためたつもりです。現在、ほとんど見ることのない本膳形式の婚礼料理や精進料理を紹介しているのもそのためです。なかには迷信的なものもあり、非科学的、不合理的で、矛盾する点も少なからずありますが、日本料理が今日まで、このような風雅な姿で伝わり、現存しているのは、そうした矛盾や無駄があってのことではないでしょうか。風流とは、そのような割り切れないもので支えられている面があるのだと思います。

日本料理をとりまく現状は厳しく、時代の流れでさまざまなことが変容していくのは避けられないことです。面倒で複雑なこと、現代生活に馴染まないものは惜しげもなくかなぐり捨て、新しいものに乗り換える。そんな風潮の中で、日本人の素晴らしい知恵や技術、生活習慣などが急速に忘れ去られつつあります。誰もが、目に見えないところには手をかけようとしなくなりました。しかし、こういう時代だからこそ、私は、これまで日本人が磨き上げてきた感性や美意識、もてなしの心を閉ざしたくないと思います。そして日本料理の根底にある基本的な考え方だけは、しっかりと残しておきたいと思うのです。

本書がこれからの日本料理の発展に資することを心より願っております。

平成22年8月

長島　博

長島　博（ながしま・ひろし）

1946年、横浜市生まれ。浅草「大長」、横浜「つる家」で修業を積み、東京「たから会館」(現在は閉店)、神奈川「櫂亭」などで料理長を務める。91年から、東京・築地本願寺「日本料理・紫水」へ、現在、専務取締役料理長。(社)日本料理研究会師範法定理事、日本調理師生祥会会長、武蔵野調理師専門学校非常勤講師。著書に「実践むきもの教本」「むきもの入門」「精進料理 野菜と乾物を生かす」(以上柴田書店)、「日本料理 行事・仕来り大事典」(未来プランニング) などがある。

日本料理
祝儀 不祝儀 ハンドブック

婚礼・法事の料理と仕来り

初版印刷　2010年9月1日
初版発行　2010年9月15日



発行者　土肥大介
発行所　株式会社　柴田書店
〒113-8477　東京都文京区湯島3-26-9 イヤサカビル
電話　書籍編集部　03-5816-8260
営業部　03-5816-8282（お問い合わせ）
URL　http://www.shibatashoten.co.jp

印刷・製本　株式会社文化カラー印刷

ISBN-978-4-388-35334-7



器協力／㈱壷々炉